La créativité à l'œuvre chez Bach
Entretien avec Gilles Cantagrel, musicologue

Anne-Laure Saives, professeure de management
Annie Camus, professeure de gestion – économie sociale et solidaire

Préface de Jacques Reverdy

La créativité à l'œuvre chez Bach :
Entretien avec Gilles Cantagrel, musicologue
Anne-Laure Saives et Annie Camus

© 2018 Les Éditions JFD inc.

Catalogage avant publication de Bibliothèque et Archives nationales du Québec et Bibliothèque et Archives Canada

Anne-Laure Saives et Annie Camus

La créativité à l'œuvre chez Bach :
Entretien avec Gilles Cantagrel, musicologue

ISBN 978-2-924651-86-5

1. Cantagrel, Gilles – Entretiens. 2. Création (Arts).
3. Musicologues – France – Entretiens.
ML423.C36A5 2018   780.92   C2018-940657-7

Éditions JFD inc.
CP 15 Succ. Rosemont
Montréal (Qc) H1X 3B6
Téléphone : 514-999-4483
Courriel : info@editionsjfd.com
www.editionsjfd.com

Tous droits réservés.
Toute reproduction, en tout ou en partie, sous quelque forme et par quelque procédé que ce soit, est interdite sans l'autorisation écrite préalable de l'éditeur.

ISBN 978-2-924651-86-5

Dépôt légal : 2e trimestre 2018
Bibliothèque et Archives nationales du Québec
Bibliothèque et Archives Canada

Image de la page couverture : J.S. Bach, Messe en si mineur, début du Symbolum Nicenum (ou Credo), 1749

Imprimé au Québec, Canada

Table des matières

Introduction 5

Présentation des contributeurs 7

Préface de Jacques Reverdy 9

Premier temps :
Les cartes **15**
    Outil 17
    Talent 39
    Réessayer 43
    Limites 47
    Réminiscence 49
    Matière 53
    Sens 57
    Beauté 65
    Curiosité 67
    Faire 73
    Histoire 77
    Rupture 79
    Productivité 83
    Rigueur 87
    Lieu 89
    Vie quotidienne 93
    Arrêt 97
    Passion 99
    Doute 101
    Silence 103
    Passeur 105
    Lutte 109
    Durée 111

Deuxième temps :
Les tensions créatrices **115**
    Rigueur/Imagination 119
    Perfection/Imperfection 129
    Douter/Croire 151
    Expérimentation/Transmission 157

Pour la suite **185**

Bibliographie **187**

Principales publications de Gilles Cantagrel **189**

Introduction

En 2014, nous publiions chez JFD « La créativité à l'œuvre », un entretien avec Jacques Reverdy, peintre plasticien. Nous tentions alors de dépeindre, à travers les mots d'un entretien, le processus de la création et le concept même de « créativité », que nous entendons avec Jacques comme l'aptitude à la création.

Ce texte, qui prit alors la forme d'une longue improvisation, a été la première pierre d'un travail de mise en place d'un dispositif de dialogue sur le thème de la créativité.

En effet, Catherine Martin et Bernard Émond, cinéastes québécois, ont également été invités à répondre à nos questions sur leur processus de création et sur ce qu'ils entendaient comme définissant la créativité.

Des propos de Jacques, Catherine et Bernard, nous avons extrait des mots clés qui marquaient leur discours. Ils nous ont servi à bâtir un outil d'entretien inhabituel : un jeu de 32 cartes. Sur chacune d'elle : un de ces mots clés. Nous avons ensuite imaginé un type d'entrevue, que nous qualifions depuis d'« entrevue créatrice »[1], grâce auquel, par l'intermédiaire de ce jeu de mots clés, nous proposons une façon ludique et inattendue d'instaurer un dialogue indirect entre créateurs.

---

[1] Nous remercions ici Éliane Le Jeune-Bézard, psychologue et psychosociologue, pour nous avoir suggéré cette appellation.

Nous travaillons en deux temps :

- Dans un premier temps, l'interlocuteur est invité à réagir comme il le souhaite à chaque mot, au fil du tirage aléatoire des cartes initialement retournées – face cachée – sur une table. Cette découverte guide la trame d'une longue conversation[2] nourrie par les réflexions spontanées de l'interlocuteur stimulé (ou non) par chaque carte dévoilée.
- Le jeu de cartes contient 31 cartes et une carte blanche. Cette dernière symbolise la possibilité d'ajouter d'autres mots. Ainsi, dans un second temps – et en général en fin d'entretien –, nous invitons notre interlocuteur à nous indiquer les cartes « manquantes », c'est-à-dire les mots qu'il ajouterait au jeu, ainsi que les mots qu'il en retirerait. D'entrevue en entrevue, nos interviewés sont ainsi amenés à découvrir les 31 cartes choisies par leur interlocuteur (l'interviewé précédent), c'est-à-dire celles que ce dernier considéra comme faisant écho à sa propre pratique, auxquelles sont venues s'ajouter les nouvelles cartes qu'il a pu suggérer au terme de son entrevue.

Dans le petit ouvrage que nous vous proposons ici, c'est Gilles Cantagrel, musicologue et grand spécialiste de Jean-Sébastien Bach, qui a accepté de se prêter au jeu, auquel nous avons ajouté une petite variation. En plus des deux phases précédentes, il a été invité à apparier des cartes entre elles pour y détecter de possibles complémentarités ou des couples en tension (ago-antagonistes) pour décrire toute la complexité de la créativité. Voici le fruit de cet échange pour lequel nous le remercions, ô combien, vivement et chaleureusement.

Anne-Laure Saives et Annie Camus

---

[2] Nous tenons à remercier Sara Tommasel, étudiante au baccalauréat en administration à l'ESG UQAM pour son travail de retranscription des entrevues que nous avons menées les 24 novembre 2016 et 30 novembre 2017.

Présentation des contributeurs

Gilles Cantagrel

Gilles Cantagrel a fait des études supérieures en musique, écriture et ethnomusicologie, en physique et en histoire de l'art. Musicologue, conférencier, enseignant, ancien directeur de France Musique, il est membre du Haut comité des commémorations nationales, de la Société Bach et du Conseil de surveillance de la Fondation Bach de Leipzig. Il est aussi membre correspondant de l'Institut de France (Académie des Beaux-Arts) et administrateur, notamment, du Centre de musique baroque de Versailles. Il a publié plus de vingt ouvrages et de nombreuses études sur la musique allemande des XVIIe et XVIIIe siècles, en particulier sur J. S. Bach, dont il est un spécialiste internationalement reconnu.

Anne-Laure Saives

Anne-Laure Saives a fait des études supérieures en ingénierie, en économie et a complété un doctorat en stratégie. Professeure titulaire au Département de management et technologie de l'École des sciences de la gestion de l'Université du Québec à Montréal, elle enseigne la créativité, la pensée du design et le management dans une perspective humaine et lieuitaire. Ses recherches portent sur les concepts de territoire, lieu et espace en stratégie, les milieux et lieux de la créativité, la pensée créative, le management des idées et la créativité organisationnelle et la portée des outils de gestion stratégique en entrepreneuriat (modèle d'affaires).

Annie Camus

Annie Camus a d'abord complété des études en production cinématographique avant de se tourner vers la gestion. Aujourd'hui professeure à l'École des sciences de la gestion de l'Université du Québec à Montréal et directrice adjointe du Centre de recherche sur les innovations sociales (CRISES), elle consacre son enseignement et ses travaux de recherche à l'innovation et à la transformation sociales portées par les modes d'entreprendre alternatifs et collectifs; entreprises et initiatives qui replacent la préoccupation d'un meilleur vivre ensemble au cœur du projet organisationnel.

Préface de Jacques Reverdy

La créativité : ombres et lumières

C'est à une errance dans les méandres de la créativité que nous convie Gilles Cantagrel : errance générée par l'apparition des questions qui lui sont soumises par ses deux intervieweuses en fonction de l'évolution du dialogue. Il s'agit donc d'une « improvisation organisée » qui, nous le verrons, nous conduit fréquemment vers des interrogations, des impasses, des doutes… ce qui n'est pas la marque d'un échec, mais bien au contraire celle d'une grande honnêteté intellectuelle.

Si la musique est omniprésente et si Jean-Sébastien Bach est – je cite – « au centre de son domaine de travail », Gilles ne s'interdit pas d'étayer ses réponses, d'aller chercher des arguments, des comparaisons chez d'autres compositeurs et dans d'autres domaines artistiques, la peinture en particulier.

Cette préface qu'il m'a fait l'honneur et l'amitié de me confier avec la complicité d'Anne-Laure Saives, me laisse donc le loisir d'explorer quelques-uns de ces écarts volontaires qui rejoignent souvent mon propre « domaine de travail ». Nous verrons alors que la démarche créative, objet premier de cet entretien met en jeu des constantes humaines qui lui donnent une dimension universelle : transgressivité, dépassement des règles établies, fil conducteur au travers du temps et des espaces… et de ce fait souvent objet de répression aux heures sombres de l'histoire.

Très tôt, lors de nos premières rencontres, Gilles avait fait état de sa méthode de travail en tant que musicologue : aller au plus près du compositeur et donc au plus près des partitions autographes. Nous verrons comment il fait part de ses émotions, de ses découvertes, de sa stupéfaction parfois. Le compositeur est là, présent, livré dans son intimité, dans sa nudité au regard aigu du chercheur. À la réflexion c'est le seul accès permettant de se placer au plus près de l'homme, sans intermédiaire, sans discours interprétatif. L'approche simultanée graphologique et musicale, conduite avec tout le respect que l'on imagine et avec toutes les précautions indispensables, atteste de l'authenticité du document… et Gilles lit, déchiffre, se met en communion avec Bach, Mozart, comme il le ferait avec un dessin de Rembrandt.

Le code musical relève lui aussi du dessin et il l'aborde sous cet angle, observant la trajectoire de la main, les contacts de la plume sur le papier, les ratures éventuelles, les notes ajoutées dans la marge, la couleur de l'encre ou de deux encres parfois, … tout devient indice, révélation. Une arabesque élégante, une griffure rageuse, une hésitation, un « repentir » au sens pictural du terme, deviennent signes existentiels révélant l'émotion, la colère parfois, la volonté de pédagogie du compositeur. À cet égard, si Bach était pédagogue de par sa fonction, Gilles ne l'est pas moins, qui n'a de cesse de porter témoignage de ses découvertes. Ainsi évoque-t-il la présentation au public de cette partition moderne, à la typographie impeccable et froide, une œuvre dont il connaît l'original… « la vie a disparu », dit-il! Nous mesurons alors la distance qui s'est creusée entre la partition autographe et sa traduction manufacturée. Il est clair que l'original ne peut être mis à disposition, ce faisant le chercheur nous aide à percevoir cet écart essentiel et émouvant! Ces considérations ouvrent à bien des réflexions sur notre société aseptisée, formatée, qui donne à voir des répliques, des reconstructions à l'identique nous dit-on… bien propres sans aucun doute. Au-delà de ces regrets implicites, cette anecdote revêt une vertu pédagogique : c'est une invitation à regarder autour de nous l'immense partition que nous offrent les traces, les signes, les objets, les architectures venus de la nuit des temps, ainsi ce fragment de vieux mur vers lequel Léonard de Vinci attire notre attention dans l'un de ses traités, sans oublier la nature elle-même, dans toutes ses manifestations.

Quelles que soient les tribulations vécues par les différentes formes d'art, Gilles Cantagrel se montre attaché à l'authenticité (le manuscrit), aux invariants humains qui nous rattachent à notre très court passage dans ce monde (l'émotion, le sensible, la poésie). Cézanne ne s'y était pas trompé qui, très jeune « voulait faire un art comme celui des Musées », c'est-à-dire inscrit dans ce « Musée imaginaire » cher à André Malraux et cité dans l'entretien.

Vouloir pénétrer les arcanes de la démarche créative relève d'une forme d'utopie nous le voyons tout au long de cet entretien. Mais ce n'est pas pour autant qu'il faut renoncer. Le chercheur participe à un festin auquel se serait volontiers invité Don Giovanni, insatiable chercheur lui aussi, avec pour toute nourriture le doute, l'interrogation… car c'est bien de notre identité humaine qu'il s'agit. C'est dans cet espace d'incertitude et de liberté que l'art affirme son irremplaçable nécessité. Parfois, heureusement, pouvons-nous effleurer une apparence de vérité qui va fuir entre nos doigts, il faudra alors recommencer… demain…

Si la musique et Jean-Sébastien Bach sont le support affirmé de ce cheminement, nos pas nous ont conduits inexorablement vers des considérations plus larges et non moins liées. Bien des œuvres musicales intègrent par leur ampleur sonore et symbolique, par leur puissance émotionnelle et spirituelle l'espace dans lequel vit et meurt l'homme. J'ai évoqué la nature avec ses printemps attendus, ses forces telluriques en action, avec l'affrontement incessant de l'eau et de la terre, mais avec également la rumeur du monde et la violence du jour… mais toujours, toujours et en dépit de tout, cette voile se dessine encore et s'éloigne sur le flot alors que s'élèvent ces voix d'ombre et de lumière afin que les vents soient favorables.

Jacques Reverdy
25 janvier 2018

Entretien avec
Gilles Cantagrel, musicologue

ESG UQAM, Montréal

**Premier temps :
Les cartes**

Outil

Gilles Cantagrel : Outil… Vaste sujet! J'aurais envie de dire que l'*Homo faber*, ou homme de Néandertal, se caractérise par l'invention de l'outil, cet outil qui prolonge le bras ou la bouche, pour *faire* quelque chose, pour fabriquer.

L'amplification par l'outil

Il faut se servir d'un outil pour amplifier ses moyens de production. Pour ce qui est des musiciens – un monde que je fréquente depuis maintenant bien longtemps! –, les outils sont très nombreux. Parce que la musique présente un domaine un peu particulier, où la communication se trouve distante de la création. Le peintre crée sur une toile, et il n'a plus besoin ensuite de faire quoi que ce soit, sinon de l'accrocher au mur. Tandis qu'une fois que le compositeur a écrit une partition, je ne dirais pas que tout reste à faire, mais rien n'est encore fait en direction d'une communication, en direction d'un public, des auditeurs. Il y a donc un maillon essentiel, qui est celui de l'outil. Bien sûr, le compositeur d'aujourd'hui peut faire appel à la composition assistée par ordinateur, et à la diffusion par l'électronique. Restons dans le domaine des deux mille ans de la musique occidentale qui ont précédé les développements modernes de notre époque. L'outil essentiel de la musique, c'est l'instrument. Cet instrument qui va tout d'un coup permettre une présence, une réalité sonore, qui va incarner la pensée, la vision du compositeur.

Et là s'ouvre un très vaste domaine, parce que la notion même d'interprétation a grandement évolué dans le temps. Pour rejouer une musique qui a cent ans ou cinq cents ans, il faut savoir quels étaient les objectifs, comment on s'y prenait, dans la mesure où on peut le savoir. Laissons de côté la notion d'« authenticité », qui n'a pas de sens pour moi. Si l'on me dit que ce que l'on entend est de la musique du XVIIe siècle italien interprétée dans des conditions authentiques, je ne pourrai pas y croire tant que l'on ne m'aura pas greffé un cerveau italien du XVIIe siècle! L'authenticité est impossible, elle relève de l'utopie. Aujourd'hui, on remplace cette notion abusive par celle d'interprétation « historiquement informée ». Cela ressemble un peu à de la langue de bois, mais c'est tout de même beaucoup plus juste. Interprétation historiquement informée : pourquoi?

Parce que quand le créateur, en matière de musique et à quelque époque que ce soit, envisage ce qu'il est en train de concevoir et de noter – la notation est aussi le premier des outils, on pourra y revenir –, ce à quoi il songe est absolument indissociable des conditions de réalisation qui devront suivre. Il a en tête une image sonore, quelque chose, mais ce quelque chose, il est incapable de le noter, avec toute la précision nécessaire. Le très grand chef d'orchestre roumain Sergiù Celibidache, disparu à la fin du siècle dernier, était un spécialiste de la phénoménologie de la perception, comme Merleau-Ponty. Un philosophe. Et il répétait ceci : « N'oubliez jamais que la partition n'est que la sténographie très imparfaite de la pensée du compositeur ».

Créativité et vitalité

C'est ce que je montre volontiers dans mes conférences – ce que je vais faire cette semaine encore à la salle Bourgie[1], en évoquant Jean-Sébastien Bach, son temps, son cadre de vie et sa musique. Dans cette évocation, je vais montrer, entre autres, son écriture, par des photographies que j'ai faites de manuscrits. Une magnifique écriture. Et je vais à titre d'exemple montrer une mesure d'un air de basse de la *Passion selon saint Matthieu*. Sur le manuscrit de Bach, on distingue parfaitement, en bas, la partie de basse continue, qui marque une pulsation régulière, puis, au-dessus, la partie vocale de l'air de basse, qui se déroule amplement.

---

[1] « Bach en son temps », 29 novembre 2016, salle Bourgie, Montréal.

Toujours de bas en haut, voici l'alto et le second violon qui animent ce mouvement par des syncopes, dans une palpitation parfaitement visible sur la partition, même sans la musique. Et tout en haut, le premier violon tisse une étonnante arabesque. Au lieu de traits tirés à la règle, la façon même de lier entre elles les hampes des doubles croches dessine de souples volutes, sensuelles, comme les courbes d'une architecture du Bernin à Rome, d'une magnifique plasticité. Du pur baroque! Rien à voir avec, par exemple, les traits rageurs de Beethoven, qui rayent la page et nous font sentir une impulsion violente, cette urgence qu'il faut rendre dans l'exécution.

À observer attentivement cet autographe de Bach, à en suivre les méandres, on lit le tempo, le phrasé, l'articulation des notes, les accents de la phrase, les liaisons, si expressives. Je présente ensuite la même mesure dans une édition moderne, imprimée (*cf.* photos ci-après). Et chaque fois, j'entends un « oh! » de stupéfaction de l'auditoire.

Tout est clair, lisible, bien net, à présent. Mais la vie a disparu. Certes, on a besoin de la partition imprimée. Parce que pour lire dans le manuscrit original, il faudrait en faire beaucoup de photocopies! Mais surtout, parce que ce n'est pas toujours facile, et même parfois très difficile à décrypter. On peut avoir des doutes dans la lecture, rencontrer des options à prendre. Là est le travail de l'édition scientifique.

On a donc besoin de l'imprimé, mais il faut chaque fois qu'on le peut se reporter à l'autographe, lequel dit bien davantage – pas tout, certes, seulement une partie de la vie de la musique. Le voilà, l'outil primordial : la notation.

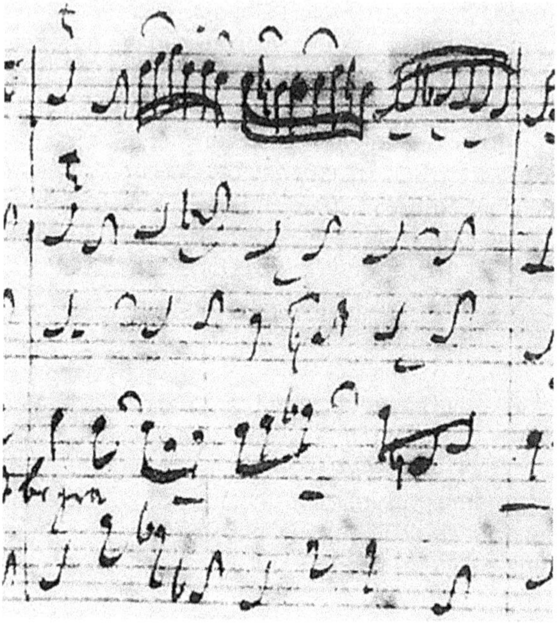

D.R.

D.R.

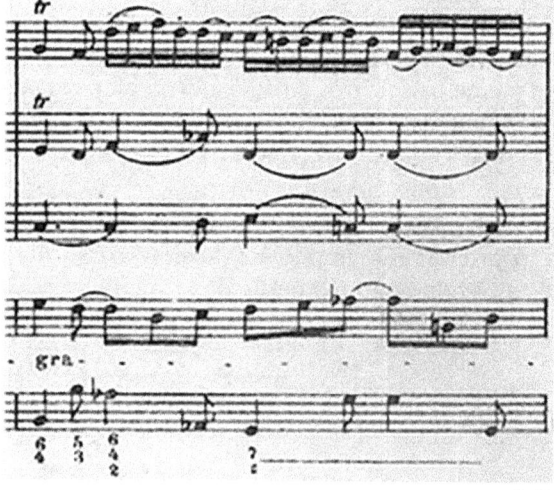

Bach : Passion selon saint Matthieu (copie de 1736).
Aria de basse n° 65. Autographe et version imprimée.

Cantate *Gott ist mein König* BWV 71 (1708).
La partie de première trompette dans l'autographe.

Cantate *Gott ist mein König* BWV 71 (1708).
La partie de première trompette dans l'édition imprimée en caractères mobiles.

[Cette technique remontant à Gutenberg oblige à réaliser la partition note à note, sans la possibilité de relier les notes entre elles par des traits horizontaux. Beaucoup plus difficile à lire, la technique des caractères mobiles devint impuissante à noter la musique de l'époque baroque dans toute sa souplesse, et dut être abandonnée au profit de la gravure sur cuivre.]

Anne-Laure Saives : Mais quand le compositeur lui-même reproduit manuellement sa propre partition – ainsi « vivante », parce que vous me dites que la partition est vivante, qu'elle contient la trace de l'émotion de son créateur – : est-ce qu'il lui arrive de recopier sa partition et de ne jamais la reproduire de la même façon?

Repentir, retouche

G.C. : Je vais vous donner un exemple. Il arrive que l'on ait conservé des brouillons de la main du compositeur, ou des esquisses. Une chance! On possède ainsi un premier état de l'œuvre, et surtout ce premier jet de l'inspiration, dans son urgence.

Dans le cas de Jean-Sébastien Bach, qui est au centre de mon domaine de travail, on a retrouvé des brouillons, des esquisses, et même des pages rayées au profit d'une formulation différente. Passionnant!

Il en va de même avec les symphonies de Beethoven, par exemple, dont les carnets fournissent de multiples ébauches (*cf.* photo page suivante). Pourquoi le compositeur a-t-il rejeté cette page, où cela l'aurait-il mené?

Un immense champ de réflexion s'ouvre alors. On peut suivre le sentier de la création, du premier jet jusqu'à l'œuvre achevée, avec ses retouches, ses repentirs. Et encore l'œuvre n'est-elle jamais achevée, chez certains compositeurs. Beaucoup d'entre eux révisent, retouchent, reprennent au fil du temps.

À propos de certaines des œuvres de Franz Liszt, qu'il n'a cessé de transformer, on peut parler de « *work in progress* », selon l'expression de James Joyce. Une œuvre perpétuellement en voie d'achèvement, en devenir.

D.R.

Beethoven. Premier jet du finale de la Sonate « Clair de lune ».

Ainsi, Bach lui-même opère des aménagements ou des retouches en répétition, ce que l'on sait en comparant la partition principale, que l'on nomme aujourd'hui le « conducteur », et les parties séparées des musiciens. Et lorsqu'il fait rejouer une œuvre plusieurs années plus tard, surtout quand c'est dans un autre lieu, il lui arrive d'apporter des modifications parfois importantes dans les morceaux constitutifs de l'œuvre ou dans son instrumentation. Par exemple, il a fait exécuter à cinq reprises la *Passion selon Saint-Jean*. Eh bien, les cinq fois, il a fait entendre un texte musical légèrement différent. Pourquoi? Certes, les conditions d'exécution ou le contexte ont pu changer. Mais là n'est pas l'essentiel. La raison tient à ce que l'œuvre d'un créateur continue à vivre et à évoluer dans sa pensée, à se développer, même. Les exemples sont très nombreux!

Et à nouveau se pose la question du pourquoi : exigence musicale, spirituelle, dramatique? Les rares brouillons conservés de Bach sont passionnants, généralement notés au verso d'une page devenue inutilisable, ou d'une page dont il réutilisera l'autre côté – le papier coûte cher, on ne doit rien jeter! On y voit parfois de grands traits rayer vigoureusement une page entière, ou plusieurs mesures (*cf.* photos de partitions de cantates, pages 26-27).

Non, cela ne va pas. Et il recommence. Il faut évidemment, comme je l'ai fait, déchiffrer ce qu'aurait été ce premier jet, cette mesure, ce fragment dont il n'a pas voulu.

Pourquoi, et comment s'y est-il repris pour aboutir au chef-d'œuvre final? N'est-ce pas ainsi pénétrer (un tout petit peu) dans le mystère du processus créateur? Dans les premières esquisses, on sent une écriture hâtive, comme sous le coup d'une pulsion primitive, d'une idée qu'il ne faut pas laisser échapper. Dans l'élan, les notes s'inclinent, comme on voit s'incliner sous le vent, l'été, les épis d'un champ de blé. Le vent de l'inspiration, si j'ose cette image un peu facile et passablement teintée de romantisme...

L'inspiration, oui, il faut oser en parler. Le compositeur doit noter aussi vite que possible et parfois précipitamment, l'idée qui lui traverse l'esprit, cette idée féconde qu'il lui faudra ensuite travailler, développer pour en faire une œuvre. Cette idée peut être très fugace.

Or le temps matériel de noter la musique, la hauteur, la durée des sons, un par un, avec toutes les indications de jeu, ce temps-là est évidemment très différent de celui de l'idée initiale, cet éclair, cette fulgurance, même, que l'on nomme l'inspiration. Il y a parfois quelque chose comme de la sténographie dans les premiers jets, une sténographie à peine lisible. Mais dans la copie autographe définitive, tout s'est mis en place, tout est bien calé, bien ordonné.

Bach. Cantate du café. Début. Rapidité du premier jet (BWV 211) (ca 1734).

Bach. Cantate Éole apaisé BWV 205. Brouillon (1725).

Bach. Cantate Éole apaisé BWV 205. Page définitive, après correction (1725).

Bach tire ses barres mesures à main levée, parfaitement orthogonales, sans le soutien d'une règle. C'est la découpe du temps qui s'écoule dans un cours régulier, comme celui d'un fleuve impassible. Mais quelle vie à l'intérieur! Regardez les queues des notes : ces hampes si expressives semblent suivre le flot mélodique, d'autant que s'il s'agit de croches ou de doubles croches, les traits horizontaux qui les relient sont des courbes elles aussi très expressives. Et l'écartement, variable, des notes entre elles... À suivre soigneusement l'écriture du compositeur, on suit sa pensée, on entend, déjà, la façon d'articuler les lignes mélodiques, vocales ou instrumentales, on comprend où il faut respirer, où faire rebondir le flux de la mélodie. Toutes ces indications du graphisme qui n'apparaissaient pas encore dans les ébauches sont extrêmement précieuses pour l'interprète, elles sont le fruit du travail d'élaboration et de mise au net du compositeur. Lorsqu'il s'agit d'une œuvre pour orchestre, le compositeur ne peut pas tout noter, avec tous les détails de l'instrumentation – cela viendra plus tard. Il n'écrit d'abord que le « bâti », les lignes essentielles. J'ai eu entre les mains des manuscrits autographes de Schubert, à Vienne. Il note parfois ce qu'on appelle une particelle, une partition réduite. C'est-à-dire qu'au lieu d'écrire les quinze ou vingt portées de tout l'orchestre, il en note trois ou quatre : l'essentiel.

De même chez Mozart. À la suite de mon livre sur *Les plus beaux manuscrits de Mozart*, la Fondation Bodmer à Cologny, près de Genève, m'a demandé de rédiger la préface de l'édition de l'autographe de l'un des joyaux de sa collection[2], le 5e Quintette à cordes de Mozart, en *ré* majeur, KV 593. On m'a envoyé, numérisé, le manuscrit en question, qui fait quarante

---

[2] Martin Bodmer était un bibliophile extrêmement riche et passionné par les autographes. Il a acquis 800 000 autographes et éditions anciennes, dont certains des fameux manuscrits de la mer Morte, avec la plus ancienne copie connue de l'évangile de Jean, sur papyrus, en grec. Ce n'est pas le Vatican qui l'a acheté, ni la bibliothèque Nationale à Washington! Cette collection est devenue un musée, et est aujourd'hui ouverte aux chercheurs. La Fondation qui gère ce patrimoine inestimable a décidé de publier quelques-uns de ses trésors en collaboration avec les Presses universitaires de France (PUF), à prix très accessible et dans une édition de grande qualité, chaque volume étant assorti d'une importante préface de présentation du document.

pages. Par Internet et en très haute définition. Si bien que sur l'écran de mon ordinateur, je pouvais agrandir une seule note si je le souhaitais, pour examiner un détail comme avec une très grosse loupe. Extraordinaire! Je me suis alors aperçu avec évidence qu'il y a des passages entiers où Mozart utilise deux encres différentes.

D.R.

Mozart. Manuscrit autographe d'une page du Quintette en ré majeur KV 593. On distingue très nettement les lignes de premier violon et de violoncelle, le chant et la basse. Dans une encre plus pâle, le « remplissage ».

Pourquoi deux encres? Eh bien, parce qu'il procède en deux temps. Dans l'urgence, il écrit d'abord la ligne principale et la partie de basse qui va déterminer l'harmonie. Dans l'urgence, toujours, il utilise des abréviations, ou note des indications quasiment illisibles pour quiconque autre que lui. Ce n'est qu'après avoir ainsi noté la trame du discours qu'il peut le compléter et faire le remplissage nécessaire. À ce moment-là, il n'y a plus de création à proprement parler, c'est de la technique. Il est normal que les encres utilisées soient légèrement différentes, puisque la notation s'est réalisée en deux temps différents, ce qui se voit très bien sur l'autographe. La création, le jet créateur, c'est ici la ligne de chant et puis la partie de basse qui va ordonner le tout et articuler les éléments du contrepoint. C'est extraordinaire, en effet, de découvrir cela, ça m'a enthousiasmé! De surprendre un peu Mozart en le regardant travailler à sa table, comme par-dessus son épaule, et de voir comment il s'y prend.

Création/Technique

Et puis, de constater que Mozart écrit vite et sans hésitations. Qu'excepté de minimes corrections ponctuelles, il ne fait jamais de ratures. J'ai vu le manuscrit de *Don Giovanni*, conservé à la Bibliothèque nationale de France à Paris. Un opéra qui dure deux heures trois-quarts ou presque : eh bien, il n'y a quasiment pas de ratures, de repentirs. Mozart le disait lui-même, il écrivait comme s'il recopiait une partition qui se serait entièrement formée dans sa tête. Ce qui ne veut pas dire qu'il n'y a pas de pensée, au contraire, puisque ce ne peut être que le fruit d'une longue méditation. Créer durant la nuit, cela nous arrive à tous : on rédige une belle lettre, on échafaude un projet mirifique, ce dont on ne se souvient généralement pas au réveil… Mozart, lui, devait s'en souvenir. On raconte l'anecdote suivante. Un jour qu'il était chez des amis, il partageait un bon repas. Après quoi, les uns vont jouer aux quilles, d'autres allument une pipe. Lui, Mozart, s'assied à une petite table, et écrit un trio, sans la moindre rature, alors qu'il y a du bruit autour de lui. Pas de rature. C'est très impressionnant. Il y a bien quelques petites ratures, de temps à autre, quand tout d'un coup, il s'est trompé de ligne : au lieu d'écrire dans la deuxième, il écrit dans la troisième. Mais cela, ce sont des erreurs de graphie, pas des erreurs de conception. Un autre exemple. Les concertos de Vivaldi, tout le monde en a entendu. Quand on voit le manuscrit, on dirait par moments un sismographe qui enregistre un tremblement de terre de force sept sur l'échelle de Richter : des petits traits nerveux, très fins, parfois comme affolés, serrés les uns contre les autres. Vivaldi disait lui-même qu'il mettait moins de temps à composer sa musique que ses copistes à la recopier[3]. Voilà une indication infiniment précieuse pour l'interprétation. Il faut jouer comme le montre l'écriture, nerveusement, avec fièvre, dans l'urgence! Chez Bach, jamais.

D.R.

Vivaldi : Urgence de la création, rapidité de l'exécution.

A.-L.S. : Si je ne me trompe pas, Bach intervient à la fin de la période baroque. Est-ce qu'il est lui-même un précurseur de la période qui suit, celle du classicisme, ou est-ce qu'il est vraiment emblématique de cette période baroque? Et que s'est-il passé pendant ces deux siècles, en termes d'évolution des outils?

Une révolution dans la pensée humaine

G.C. : On dit beaucoup de choses sur le Baroque, et je ne prétends pas détenir une quelconque vérité. Il se trouve que pour une grande manifestation musicale française, *La Folle Journée*,

---

[3] Selon le Président de Brosses, qui assure : « Je l'ai ouï se faire fort de composer un concerto, avec toutes ses parties, plus promptement qu'un copiste ne le pourrait copier ». Charles de Brosses, *Lettres familières écrites d'Italie*, à M. de Blancey, Venise, 29 août 1739.

à Nantes, j'ai eu à écrire un petit livre que j'ai appelé *Passion Baroque*. Baroque avec un B majuscule : une passion pour le Baroque, ce n'est pas la passion qui est baroque. Et j'essaie d'y montrer comment cet art s'inscrit dans une évolution très profonde des idées, de la pensée humaine. On peut dire que c'est autour de 1600 que naissent ce qu'on a appelé autrefois les « temps modernes ». Je m'explique, en commençant par le commencement : la conception même de l'univers, que l'on n'avait guère remise en question au fil des siècles, sinon des millénaires. Au début du XVIe siècle, le moine et astronome polonais Nicolas Copernic émet la thèse que la terre n'est pas immobile ni le centre du monde, mais qu'elle tourne sur elle-même et autour du soleil, qu'il considère maintenant comme le centre du monde. C'en est fini du géocentrisme hérité de Ptolémée, et de la théologie qui plaçait l'homme, créature divine, au centre de l'univers. On découvre les mouvements des planètes, qui tournent elles aussi autour du soleil. Il a fallu bien du temps pour que ces idées nouvelles soient adoptées, et ce, avec beaucoup de réticence : elles changeaient radicalement la vision du monde, et cent ans après Copernic, le vieux Galilée sera condamné par l'Église pour ces idées-là. On connaît la réplique aussi célèbre que légendaire de Galilée lors de sa condamnation qui l'obligeait, pour avoir la vie sauve, à rejeter ses idées : « Et pourtant, elle tourne »! Après Copernic, l'astronome danois Tycho Brahe ne parvient toujours pas à adhérer à cette révolution. Il constate bien que les planètes tournent sur des orbites elliptiques. Mais Dieu ayant créé le monde, ce monde ne peut qu'être parfait. Or l'image de la perfection étant le cercle, Brahe pense qu'il s'est trompé dans ses observations. Pour lui, les orbites ne peuvent qu'être circulaires, reflets de la divine perfection. C'est le mathématicien de Brahe, l'Allemand Johannes Kepler, qui va non seulement confirmer que les orbites de ce que l'on appelait alors les planètes sont bien elliptiques, mais dont il va calculer les vitesses de rotation. Quand une planète se trouve à son point le plus proche du soleil, au périhélie, sa vitesse apparente est à son point le plus faible, et inversement quand elle en est le plus éloignée, à l'aphélie, sa vitesse apparente est plus grande. Malgré la précarité des moyens d'observation de l'époque, Kepler aboutit à des résultats relativement précis. Il lui restait à faire le rapport entre la vitesse la plus grande et la vitesse la plus petite pour définir les ellipses. Et qu'a-t-il trouvé? Des rapports extrêmement simples. Pour Mercure, la plus proche du soleil, le rapport est de 2/1, puis Vénus de 3/2, la Terre de 4/3, etc. Or ces rapports simples sont aussi ceux, dans la gamme, de l'octave, de la quinte, de la quarte, de la tierce. Pour lui, Dieu a donc créé le monde à l'image de la gamme, reflet de l'harmonie des sphères.

Le baroque, pensée du mouvement

Le grand traité de Kepler, en latin, *Harmonices Mundi*, est paru en 1610. Avec cette interrogation sur l'univers et la place qu'y occupe l'homme, un âge nouveau commence. En ce début du XVIIe siècle, on entre dans la pensée scientifique et on abandonne progressivement la pensée théologique. Les sciences expérimentales vont pouvoir apparaître. Et c'est au même moment que le médecin et biologiste anglais William Harvey découvre la circulation du sang. Circulation : le cercle, encore. C'est-à-dire, le mouvement, alors que l'on croyait vivre dans un monde plat, et que tout était stable jusqu'à la fin des temps. Tout cela constitue une véritable révolution dans la pensée. La révolution baroque, car c'en est une, est telle que toujours à la même époque – que l'on peut fixer schématiquement en 1607, avec *l'Orfeo* de Monteverdi –, les musiciens, les compositeurs, les interprètes prennent la parole, individuellement. Je m'explique. Jusqu'à la fin de la Renaissance, avec Palestrina, Roland de Lassus, Victoria, on écrivait un motet ou une chanson d'amour le plus souvent à quatre voix, à quatre parties. Ce n'était pas un être humain, seul, qui chantait son amour, sa peine ou sa douleur, que sais-je, mais quatre voix, même si le texte ne mettait en scène qu'une seule personne. Un exemple : cette chanson de mal-mariée de Roland de Lassus, autour de 1550. « Quand mon mari vient du dehors, ma rente est d'être battue. Il prend la cuiller du pot, à la tête, il me la rue. J'ai grand-peur qu'il ne me tue ». La peine et la peur de cette pauvre femme s'expriment par quatre voix, à quatre parties, de façon quasiment impersonnelle. Qui est-ce donc qui chante « Je »? Je ne vois pas. Sur scène, je vois trois messieurs, avec une dame pour la partie de soprano. Et c'est à partir des années 1600 que tout change. Orphée, une fois arrivé dans les enfers, peut fièrement s'annoncer : « *Orfeo, son io* », « C'est moi Orphée! »[4]. Et c'est bien lui-même, en effet, que j'entends chanter ce grand madrigal lyrique. L'année suivante, toujours sous la plume de Monteverdi, j'entends Ariane sur son rocher, abandonnée par Thésée, exhaler cris et lamentations : « Ô Thésée! Pourquoi m'as-tu laissée? Pourquoi m'abandonnes-tu, toi que j'aime? »[5]. Ce sont à présent Orphée ou Ariane qui s'expriment individuellement, des êtres humains de chair et de sang qui arrachent des larmes à leur auditoire, et non plus une polyphonie quasi abstraite. Ce lyrisme individuel qui fait à présent irruption était complètement inconnu auparavant. Il faut ajouter à cela que pour soutenir le chant, les instruments exécutent ce qui naguère aurait été confié à d'autres voix, et s'autorisent des dissonances expressives qui ont fait frémir les tenants de la tradition. La musique était jusqu'alors d'essence divine, elle devient humaine.

Une longue et patiente expérimentation

Dernière étape, avec les musiciens exécutants eux-mêmes. Puisqu'il y a un développement considérable de la musique instrumentale, il y a du même coup, un développement des instruments et de la facture instrumentale, sans souci normatif. La forme du violon se cristallise avec les générations de la famille Amati, puis Stradivarius, Guarnerius et les grands luthiers italiens. Le clavecin suit le même mouvement, et l'orgue atteint son apogée. En tout cela, une prodigieuse inventivité, on peut même parler de créativité, pour trouver des formes nouvelles, des sonorités nouvelles, et des modes de jeu différents.

---

[4] Pour illustration sonore : Claudio Monteverdi, *L'Orfeo*. Acte III, « Possente spirito [...]. Orfeo son io... » (« Puissant esprit [...]. C'est moi, Orphée... »), https://youtu.be/dBsXbn0clbU *(cf. code QR)*

[5] Pour illustration sonore : Claudio Monteverdi. *Lamento d'Arianna*, « Lasciatemi morire [...]. O Teseo moi... » (« Laissez-moi mourir [...]. Ô mon Thésée... »), https://youtu.be/ZgGAKG2lM7I *(cf. code QR)*

Car l'instrument ne fait pas tout : c'est l'être humain, par la manière dont il va en tirer des sons, qui est le maître des diverses couleurs sonores. Et c'est là l'essentiel. L'outil est là, encore faut-il savoir l'utiliser. Ce n'est pas parce que je prends une flûte du XVIIe siècle, ou un violon et un archet « baroques » que je vais jouer « baroque », avec tout ce qui fait tel ou tel style de l'époque baroque.

Tout naît alors d'une longue et patiente expérimentation à partir de ce qu'enseignent les nombreux traités de l'époque. Comment utiliser tel archet, comment rechercher telle émission d'un hautbois ou d'une flûte, etc. Et c'est beaucoup plus compliqué qu'on ne le croit. Il y a une bonne part d'expérimentation, que l'on ne peut même pas décrire. Et ce n'est que par tâtonnements, avant que l'enseignement des acquis de maître à élève prenne le relais, que l'on peut parvenir à sentir comment s'y prendre, comment trouver le son juste, celui en tout cas que l'on pense juste. Voilà le point fort de la démarche de la transmission.

A.-L.S. : Une phrase m'a frappée dans votre conférence sur la réactivité et l'imitation chez Bach[6]. Vous dites quelque chose comme : « Il essaie d'exploiter toutes les possibilités du violon seul, qui jusqu'ici n'ont pas été explorées ». C'est intéressant : il y a donc l'instrument pensé par le luthier, mais il y a aussi le compositeur qui vient faire évoluer cet instrument.

G.C. : Mais oui! Il y a toujours un mouvement dialectique entre le luthier, au sens général de facteur d'instruments, et le compositeur. Le luthier fournit un instrument, mais le compositeur va demander davantage, à la fois à l'instrument et au luthier.

À l'instrument, en suscitant auprès du luthier des perfectionnements nouveaux. Et aux exécutants en leur demandant de nouveaux modes de jeu, ou au contraire en apprenant de

---

[6] Il s'agit d'une leçon magistrale donnée par Gilles Cantagrel, le 8 novembre 2005, à la Cité de la Musique, dans le cadre du cycle « L'invention musicale », sur le thème « Imitation et réactivité dans le processus de composition de Bach », disponible à l'adresse : https://youtu.be/LU_NhoTcMG8 *(cf. code QR)*

leur part ce qui est le plus propre à leur instrument. Il est très intéressant, dans le phénomène même de la création, de voir comment le compositeur a besoin des instrumentistes. Parce que ce qu'il note dans sa partition demeure une directive silencieuse donnée aux exécutants.

Comment l'instrumentiste, ou le groupe d'instrumentistes, va-t-il ou vont-ils rendre ce qui est noté? Cela correspondra-t-il vraiment à la pensée du compositeur, à ce qu'il entendait intérieurement en écrivant? Et puis, ce qu'il a écrit est-il jouable? Ne demande-t-il pas trop? Et n'y aurait-il pas moyen de mieux utiliser un instrument? De mieux produire le son que recherche le compositeur?

D'où l'importance de la relation entre le créateur et l'exécutant. Les compositeurs qui sont également chefs d'orchestre, ou les praticiens expérimentés de l'instrument pour lequel ils écrivent, sont à l'abri de cette nécessité. Mozart était un très bon pianiste (et violoniste), Beethoven, aussi, comme Mendelssohn, Schumann, Brahms : pour leurs œuvres de piano, il n'y a aucun doute possible, ils savaient mieux que quiconque ce qui était réalisable. Jean-Sébastien Bach était très bon organiste, très bon claveciniste, très bon violoniste, très bon violoncelliste, très bon hautboïste, très bon flûtiste... Il jouait de tous les instruments à la perfection, selon les témoignages d'époque, de ceux qui l'ont vu et entendu, et il travaillait quotidiennement avec ses musiciens. Il a donc pu demander en toute connaissance de cause des performances d'exécution, parfois redoutables.

Aujourd'hui encore, certaines de ses œuvres sont d'une difficulté extraordinaire, mais leur écriture est idiomatique de ce qui convient à l'instrument. Le cas contraire existe aussi. Il arrive que le compositeur assistant aux répétitions de son œuvre ne l'entende pas sonner comme il le souhaitait mentalement, et qu'il y fasse des retouches, en accord avec l'exécutant.

Le cas de Brahms est symptomatique. Il a eu la chance de rencontrer et de se lier d'amitié avec le plus grand violoniste de son temps, Joseph Joachim. Pour lui, il a composé son admirable concerto pour violon et orchestre[7], l'un des concertos le plus difficiles de tout le répertoire. Il y a eu un échange permanent entre Joachim et Brahms, qui n'était pas du tout violoniste.

J'imagine le violoniste dire au compositeur : « Ça, c'est un peu malhabile sur le violon. Si tu veux obtenir l'effet que tu recherches, tu aurais peut-être pu… ». Brahms a aussi rencontré le plus grand clarinettiste, peut-être, de son temps, Richard Mühlfeld. À la fin de sa vie, il a écrit pour lui, ou sous son influence, des œuvres pour clarinette absolument sublimes[8]. Mozart aussi, Beethoven aussi, avec le violoncelliste Jean-Louis Duport, et tant d'autres dialoguaient avec les instrumentistes quand ils n'étaient pas eux-mêmes instrumentistes. Et je ne parle pas des relations avec les chanteurs et les cantatrices.

On sait par exemple que Mozart a écrit « sur mesure » le rôle de Suzanne dans *les Noces de Figaro*, pour la soprano, son amie Nancy Storace, de même qu'il lui a destiné un air de concert pour soprano, piano et ensemble de cordes… La voix d'une cantatrice, le talent d'un violoniste ou d'un clarinettiste, tout cela fait partie des « outils » de la création.

---

[7] Pour illustration sonore : Johannes Brahms, *Concerto pour violon et orchestre en ré majeur op. 77*. https://youtu.be/QS6b8JKzUeo *(cf. code QR)*

[8] Pour illustration sonore : Johannes Brahms, *Sonates n° 1 et n° 2 pour clarinette et piano* : https://youtu.be/AT-lsJ3hIyE *(cf. code QR)*, https://youtu.be/AUjzc9yEFUw *(cf. code QR)*

Talent

G.C. : Le talent, les dons… Si l'on n'a pas de talent, de prédisposition naturelle, il faut changer d'activité, de métier, essayer de trouver sa voie dans un métier pour lequel on aurait un don véritable! C'est Pascal qui écrit : « La chose la plus importante à toute la vie, c'est le choix du métier »[1]. Après quoi, il faut travailler, sans cesse. Bach est ainsi convaincu qu'il n'est d'obstacle que ne puisse vaincre le travail. Son ancien élève Kirnberger, devenu compositeur et théoricien renommé, le rapporte : « Le grand J. Seb. Bach avait autrefois l'habitude de dire : "Il doit être possible de tout faire", et il ne voulait jamais entendre parler d'une impossibilité quelconque »[2].

Bach ne se paie pas de mots, et dans son enseignement applique ce principe au quotidien. L'un des fondements de sa méthode consiste à toujours confronter ses élèves à des obstacles techniques, ceux de ses propres œuvres, que les malheureux jugent parfois insurmontables. Car, à ses yeux, « il est préférable qu'un maître habile habitue peu à peu ses élèves à des œuvres difficiles. »[3]. À l'appui de son propos, Carl Philipp Emanuel rapporte : « Feu mon père a obtenu d'heureux résultats de cette manière. Avec lui, les élèves devaient se mettre tout de suite à certaines de ses œuvres qui ne sont pas précisément faciles »[4].

---

[1] Blaise Pascal, *Pensées*, X,1.
[2] J. Ph. Kirnberger, lettre à J. G. I. Breitkopf, à Leipzig. Berlin, 14 avril 1781
[3] C. P. E. Bach, *Versuch über die wahre Art das Clavier zu spielen*, Berlin, 1753
[4] (id., ibid.)

Talent et travail

Je répète volontiers cette formule bien connue : pour arriver à l'épanouissement de son talent et à la maîtrise de sa technique, il y a trois conditions, le travail, le travail et le travail. Mais à l'origine, il faut évidemment des dons. Vous n'allez pas me faire faire des prouesses en ski, ce serait du temps perdu, parce que je pense que je ne tiendrais même pas debout sur une paire de skis. C'est pourquoi je parle de prédisposition. Et cette prédisposition, on la remarque très tôt chez les enfants. J'ai une petite fille qui a voulu étudier le violon. À six ans, déjà, elle tenait parfaitement son petit violon. Or c'est une position extrêmement difficile, de l'épaule, du cou, de l'avant-bras, du poignet et de la main. De même pour l'archet. Elle prend son violon, et d'instinct elle le tient correctement. Et elle manie l'archet comme il le faut, dans la logique propre à l'instrument. Elle est donc faite pour jouer du violon. Le choix d'un instrument est une démarche étrange. Pourquoi cet instrument plutôt qu'un autre? Je me suis toujours posé la question, et je l'ai posée à de nombreux musiciens, professionnels et amateurs, en ne parvenant que rarement à obtenir une réponse convaincante. Il y a là tout un champ d'investigation et de réflexion ouvert aux psychologues, voire aux psychiatres, qui ne me semble pas avoir été vraiment exploré. Pourquoi cet instrument et pas cet autre? Est-ce un hasard de la vie, une rencontre, une contrainte? C'est possible. Mais cette explication ne me suffit pas. Car du fait d'une mystérieuse alchimie, il existe une complémentarité, une sorte de connivence entre l'instrumentiste et l'instrument, lequel devient à terme partie intégrante de son propre corps. Dans des concours, il m'est arrivé maintes fois d'observer que la façon dont le violoniste entre en scène son violon à la main est en elle-même éloquente. Ce violon, est-il pour lui un corps étranger, ou fait-il partie de son organisme?

En rencontrant un ou une instrumentiste professionnel(le), on peut même parfois deviner dans son comportement, dans sa personnalité, à quel instrument il a consacré sa vie, ce que Federico Fellini avait si bien décrit dans son film *Prova d'orchestra*. J'ai eu jadis le bonheur (et l'honneur!) d'être longuement reçu par le grand Arthur Rubinstein. Il racontait que, tout enfant, on avait voulu lui faire apprendre le violon, parce que dans les familles juives, on pense toujours que le garçon premier-né sera peut-être le Messie que l'on attend encore, et que dans la tradition hébraïque, le violon est l'instrument de David. Rubinstein raconte : « J'ai pris le violon, je l'ai jeté par terre, j'ai marché dessus. Je voulais jouer le piano ». Bizarre, non? Et ce petit neveu de dix ans qui s'était mis en tête d'apprendre le tuba, un instrument plus grand que lui, et lourd. Pourquoi? Ou encore une frêle petite jeune fille qui se consacre au cor ou au trombone, j'en ai vu et qui y réussissaient parfaitement, ou à la contrebasse, plus grande qu'elle et très malaisée à transporter... On ne les voit pas du tout ensemble. Et pourtant, une rencontre s'est produite. C'est cela que j'aimerais que l'on m'explique.

Réessayer

G.C. : Réessayer? Ce n'est généralement que par tâtonnements que l'on avance. Et c'est le dernier jour de sa vie, quand on en referme le livre, si on n'est pas devenu gâteux, qu'on a enfin trouvé, ou du moins peut-on l'espérer. Il faut sans cesse réessayer.

« C'est le difficile qui est le chemin »

J'aime particulièrement cette maxime du philosophe danois Søren Kierkegaard : « Ce n'est pas le chemin qui est difficile, c'est le difficile qui est le chemin ». Si l'on veut progresser, il faut choisir la voie la plus difficile et puis réessayer, jusqu'à ce qu'on y arrive. Pour moi, cela fait partie du B.A.BA de tout apprentissage. L'apprentissage à son niveau le plus élevé. L'apprentissage même de la vie.

Imitation, réactivité, appropriation

A.-L.S. : Peut-on voir une parenté entre la quête à l'œuvre dans « réessayer » et l'idée de « réactivité » que vous avez développée dans votre conférence à la Cité de la Musique en 2005[1]?

G.C. : Imitation, réactivité, à quoi il faut ajouter le maillon manquant de l'appropriation, ce sont des phénomènes communs à tous les créateurs, mais qui prennent chez Bach une dimension particulière, surtout quant à leurs conséquences. Imitation, bien sûr. Comment un enfant apprend-il à parler, comment apprend-il la vie? En reproduisant ce qu'il entend et qu'il voit, en imitant. Orphelin et autodidacte par nécessité, Jean-Sébastien Bach a sans doute imité avec une ardeur plus grande encore que chez tout autre. Ce qui, pour un

---
[1] *Op cit.* Conférence du 8 novembre 2005.

compositeur, veut dire écouter tout ce qu'il peut entendre, et surtout copier des œuvres. Mais ce n'est pas chez lui qu'une méthode d'apprentissage : toute sa vie, il manifestera une boulimie de connaissance qui lui fera chercher la compagnie des musiciens, compositeurs et interprètes, découvrir des œuvres nouvelles, questionner. On le voit jusqu'à un âge avancé découvrir, copier, voire transcrire ou adapter, des œuvres italiennes contemporaines qui sont pourtant, a priori, à l'opposé de son esthétique. Il a passé cinquante ans lorsqu'il se prend de passion pour le tout nouveau *Stabat Mater* du jeune Pergolèse, qui vient de mourir près de Naples, au point de se l'approprier en en faisant une adaptation en motet sur un texte psalmique en allemand. Je suis même convaincu qu'il avait acquis une culture musicale (ce qui est sans doute vrai également d'une culture générale, en tout cas religieuse), considérable, encyclopédique, du passé comme du présent, et des diverses nations de l'Europe.

Cette appropriation n'est pas passive, elle est même parfois critique. Ainsi, lorsqu'il copie intégralement le *Livre d'orgue* du Français Nicolas de Grigny, il ne manque pas de corriger les quelques erreurs de gravure qui se sont glissées dans l'exemplaire dont il dispose. En cela, il est un modèle de réactivité! Il entre ainsi dans la logique interne d'une œuvre et de son processus créateur. Sa copie est toujours intelligente et non servile, productive d'un supplément de connaissance et de réflexion.

Cette immense culture musicale assimilée contribue à la formation de son style propre, ce style syncrétique européen qui caractérise les œuvres de la fin de sa vie et marque du même coup l'apogée de l'art baroque en musique.

Mais je constate chez Bach un autre registre de réactivité, en ce que peuvent susciter, voire provoquer, dans sa pensée les œuvres d'autrui. Par exemple, au début du XVIIIe siècle, au moment où les musiciens tentent par des procédés d'accord nouveaux des instruments à sons fixes, d'entrer en possession de toutes les tonalités majeures et mineures, il a sous les yeux des démonstrations de prédécesseurs. Ainsi, des *Suites* pour orchestre de Johann Pachelbel, explorant 17 tonalités différentes. Ou de l'*Ariadne musica neo-organoedum per XX Praeludia totidem Fugas* de Johann Caspar Fischer, recueil publié en 1702 et réédité en 1715, qui présente, méthodiquement rangés, vingt petits préludes et fugues pour le clavier « dans tous les tons » – plus précisément, en 19 des 24 tonalités modernes. Et encore de l'*Exemplarische Organisten-Probe im Artikel vom General-Bass,* où Johann Mattheson publie, en 1719, des exemples de modestes préludes et fugues dans tous les tons. Là-dessus, Bach réagit : ce sera le monumental *Clavier bien tempéré*, en 1722. Chaque fois, il semble vouloir mener à un point d'aboutissement tous les registres de la pensée musicale européenne.

Limites

G.C. : Dans la création, les premières limites rencontrées sont celles de l'outil, ou des outils. Mais il y a bien d'autres limites, à commencer par celles de la commande de l'œuvre. Goethe, par exemple, aimait les œuvres de commande. La commande, avec ses contraintes, le stimulait. Il aimait qu'il y ait un mandat, en quelque sorte, et comme on dit aujourd'hui : « Faites-moi ceci, de telle manière, dans tel but ». Les peintres aussi. On a conservé certaines des commandes passées à de grands peintres du passé, comme Léonard de Vinci pour *la Cène* de Milan. On lui impose non seulement les dimensions de son tableau ou de sa fresque, en l'occurrence, mais la façon et l'endroit où le Christ doit être représenté, où et comment placer Judas autour de la table du dernier repas, d'où doit venir la lumière, etc., tout cela avec parfois un grand luxe de détails. Ensuite, c'est à l'intérieur même de ces contraintes, de ces limites que l'auteur va devoir creuser une certaine idée, et grâce à ces limites mêmes, plutôt que de partir à l'aventure. Mais l'un n'exclut pas l'autre. Il y a aussi les œuvres « libres », spontanées, de créateurs qui peuvent partir au gré de leur imagination, sans limites apparentes, mais c'est en dernier ressort l'idée, le projet qui impose ensuite ses limites. Igor Stravinsky disait approximativement ceci : « Avant de commencer une œuvre, je ne sais pas ce que je vais faire, mais je sais exactement tout ce que je ne veux pas faire ». Voici déjà une façon de s'imposer des limites. Et puis, dans une commande musicale, on peut dire au compositeur que l'on souhaite une pièce pour violon et piano d'une durée n'excédant pas une quinzaine de minutes, par exemple, ou une œuvre pour chœur à quatre voix sur tel texte, et de telle difficulté, pour tel chœur, et de telle durée. On peut aussi fixer dans la commande la date de réception de l'œuvre et sa date de première exécution. Nouvelles contraintes. Ce sont les limites inhérentes à toute commande, quelquefois très fécondes, très utiles. Et puis, il y a les limites de ceux à qui s'adresse cette commande et auront à l'exécuter, les musiciens eux-mêmes. Si c'est pour un orchestre de jeunes, il faut que je fasse très attention à respecter leurs capacités actuelles et potentielles. Si c'est un musicien ou un instrument très spécialisé, aussi. À un organiste spécialisé dans l'exécution de la musique contemporaine, travaillant sur des orgues qui permettent de jouer cette musique, je ne vais pas, sauf exception, demander des mélanges de sonorités ou des modes de jeu tels qu'on les pratiquait au XVIe siècle, et inversement. Cela aussi fait partie des limites, au niveau de l'exécution, cette fois. Et puis le plus important, ce sont les limites de l'imagination du créateur. Cela va de soi. Je pense donc qu'il faut glorifier la limite.

Glorifier la limite

Comme le dit magnifiquement Rainer Maria Rilke, dans ses *Lettres à un jeune poète*, « Nous devons nous tenir au difficile. Nous savons peu de choses, mais qu'il faille nous tenir au difficile, c'est là une certitude qui ne doit pas nous quitter »[1]. C'est ainsi que l'on peut avancer, progresser. C'est justement parce que ce chemin est rocailleux, montueux, malaisé, que je dois surmonter la difficulté. La limite m'indique ce que je dois surmonter. Et comme l'écrivait Nietzsche : « L'homme est quelque chose qui doit être surmonté »[2].

---

[1] Rainer Marie Rilke, *Briefe an einen jungen Dichter*, première édition, Leipzig, 1929. Traduction française de Bernard Grasset, *Lettres à un jeune poète*, Le Seuil, Paris, 1992.
[2] Friedrich Nietzsche, *Also sprach Zarathustra*, C. G. Naumann, Leipzig, 1892.

Réminiscence

A.-L.S. : Gilles, je suis sûre qu'il n'y a rien à votre épreuve. Réminiscence, allons-y!

G.C. : Nous sommes partis sur le mot *faber*. L'*homo faber*, l'homme qui fabrique, qui se sert d'un outil. Rappelez-vous le début du film de Stanley Kubrick *2001 : A Space Odyssey*, avec le primate faisant d'un tibia le premier outil de l'humanité sur les mesures initiales d'*Also sprach Zarathoustra* de Richard Strauss. Ce qui est en train de devenir l'homme découvre l'usage d'autre chose que de son corps même, qui le prolonge et en amplifie les pouvoirs. Aujourd'hui, l'évolution nous a menés à l'*homo faber faber*, celui qui marche sur la lune et s'en va explorer l'espace. Et ce n'est sans doute que le début d'une immense aventure, celle de l'homme de culture, *homo sapiens sapiens*, celui dont la pensée se nourrit de celle de tous ceux qui l'ont précédé. Avec la notion d'histoire d'une société, l'invention de l'écriture puis celle des moyens de connaissance et de reproduction, nous sommes tous aujourd'hui détenteurs de l'histoire d'une aventure humaine. André Malraux l'a magnifiquement exprimé. Il parle ainsi du « musée imaginaire », faisant remarquer qu'à tout instant n'importe qui peut avoir aujourd'hui la connaissance de tout ce qui a été dit, fait et pensé auparavant. C'est un phénomène complètement nouveau et qui n'a cessé de s'amplifier avec l'Internet, qui n'existait d'ailleurs pas encore à l'époque où écrivait Malraux. Jusqu'au milieu du XVIIIe siècle, il n'y avait pas encore beaucoup d'édition musicale, qui était coûteuse et de diffusion relativement limitée. Donc, on copiait. C'était d'ailleurs un très bon moyen d'apprendre. Si ce n'est pas de la réminiscence, la copie me permet de mettre ma main dans le mouvement de celle du créateur, j'apprends quelque chose de sa pensée. Il n'y avait ni disques ni radio. Si l'on avait la chance d'entendre une œuvre de quelque importance, symphonique ou lyrique, ce ne serait le plus souvent qu'une seule et unique fois dans sa vie. Il fallait donc faire fonctionner activement sa mémoire.

Il en va de même pour tout ce qui relève du domaine visuel, même si la gravure permettait déjà de reproduire des œuvres graphiques ou plastiques depuis la fin du XVe siècle et même avant, au temps des incunables. Les narrations anciennes de voyageurs montrent de leur part une extraordinaire mémoire pour tout ce qu'ils voient et entendent.

Lorsque Goethe, par exemple, voyage en Italie, il achète des répliques de statues romaines, des bustes, des plâtres, d'innombrables gravures, de Piranèse notamment, pour aider sa mémoire. Il n'a pas de téléphone (!) pour fixer ce qu'il voit, en images, c'est la mémoire de son cerveau qui en fait office. Dans sa maison à Weimar, une belle maison patricienne qui n'a pas bougé depuis deux cents ans, restée « dans son jus », on voit de nombreux meubles avec quantité de petits tiroirs, souvent très minces, pour ranger les gravures, mais aussi les herbiers qu'il réalise, les minéraux qu'il collectionne.

Quant à la musique, il n'existe encore rien du tout, alors, pour en fixer la mémoire. Certes, il y avait les partitions. Encore faut-il être suffisamment formé pour entendre mentalement la musique quand on lit une partition. Il y a d'ailleurs des cas où ce n'est pas facile du tout. Ainsi de Saint-Saëns, musicien accompli qui adorait la musique de Berlioz. Or il disait lui-même qu'à lire une partition d'orchestre de Berlioz, orchestrateur de génie comme chacun sait, il ne se rendait pas compte de ce que cela pourrait donner une fois joué à l'orchestre. « Celui qui lit ses partitions sans les avoir entendues ne peut s'en faire aucune idée; les instruments paraissent disposés en dépit du sens commun; il semblerait, pour employer l'argot du métier, que cela ne dût pas *sonner* »[1]. C'était trop nouveau, trop original. Et quand on entend l'œuvre dans sa réalisation orchestrale,

---

[1] Camille Saint-Saëns, *Portraits et souvenirs*, Société d'édition artistique, Paris, 1900, page 3.

tout devient évident. Malgré l'énorme métier de compositeur de Saint-Saëns, la réminiscence de tout ce qu'il connaissait et qui devait l'aider à se former une image mentale de l'œuvre de Berlioz ne fonctionnait qu'assez peu.

Réminiscence, souvenir et style

Ce qu'on appelle réminiscence est en fait un mécanisme mental qui va beaucoup plus loin, qui est lié au souvenir[2] et quelquefois au souvenir inconscient; c'est là qu'est la réminiscence. Il arrive qu'un type de motif mélodique, ou la couleur d'un accord, reviennent sous la plume d'un compositeur. Il faut y regarder de près.

C'est généralement sous la stimulation d'un affect. Que cet affect soit suscité par un texte ou seulement par l'évolution du discours musical, tel ou tel élément peut revenir par réminiscence, comme on dit que les mêmes causes produisent les mêmes effets.

Chez Bach, par exemple, on entend assez souvent un grand mouvement ascendant, comme un élan qui ensuite retombe légèrement avant d'être relancé. Je l'entends ici, puis je le retrouve dans une autre cantate écrite quinze ans plus tard. Or, l'affect ainsi exprimé est le même d'une œuvre à l'autre. Chez Wagner, ce sera une intervention de clarinette basse. Chez Messiaen, un intervalle de quarte augmentée. Etc. Voilà une réminiscence intérieure, qui se trouve à la genèse de la notion de style.

---

[2] Cela nous évoque les savoirs que l'on croit oubliés, mais souvenirs vagues finalement essentiels pour la constitution de la culture chez Jacqueline de Romilly (*Le trésor des savoirs oubliés*, Paris : Éditions de Fallois, 1998).

Matière

G.C. : Ah, la matière! On en parle pour les sculpteurs, pour les peintres, mais c'est possible aussi pour les musiciens. C'est la matière sonore, qu'ils « sculptent » et qu'ils « colorent » à leur façon. Cela au second degré, bien entendu, mais c'est parfaitement vrai. Même dans l'exécution musicale, et de tout temps. Par exemple, Herbert von Karajan, qui a été le patron absolu de l'Orchestre Philharmonique de Berlin pendant trente ans, a littéralement « fabriqué » sa sonorité. C'était le « son Karajan », qui n'appartenait qu'à lui. Je ne peux pas en dire davantage, mais il est certain que par un travail incessant sur les timbres, les attaques, les nuances, l'homogénéité sonore, la cohésion des pupitres, il a littéralement sculpté une matière sonore.

La matière primordiale du compositeur est d'abord celle qui résulte des choix qu'il fait à l'aube de la création, celle de l'*instrumentarium*, le choix des instruments qui vont participer à l'œuvre, instruments, voix et/ou instruments électroniques. C'est le choix de sa palette sonore. J'aime beaucoup regarder les palettes de peintres. Quand on voit la palette de Claude Monet, exposée au Musée Marmottan-Monet à Paris, ce labyrinthe de couleurs, je ne sais pas où il allait chercher autant de couleurs… C'est la matière sonore. Un exemple caractéristique : l'orchestre de Richard Wagner dans *Tristan et Isolde*. Le compositeur confie un rôle très particulier au cor anglais. Au troisième acte[1], Tristan, blessé à mort, est retourné mourir dans son château de Karéol, en Bretagne, et espère fiévreusement qu'Isolde viendra le retrouver pour la revoir avant de

---
[1] Pour illustration sonore : Richard Wagner. *Opéra Tristan et Isolde. Acte III, scène 1*, https://youtu.be/IdjFBW-S3z0 *(cf. code QR)*

mourir. Le prologue de ce troisième acte fait entendre une mélopée étrange, d'une tristesse infinie, d'une mélancolie bouleversante, jouée sur scène par un cor anglais soliste. Or Wagner a précisément noté au bas de cette page de la partition d'orchestre – ce que j'ai vu à Munich sur le manuscrit autographe – le caractère du son qu'il souhaitait entendre produire. Cette mélodie instrumentale est impossible à jouer sur un instrument naturel primitif, parce que trop chargée de modulations et de chromatismes. Or Wagner aurait souhaité ici le timbre plus rustique et plus cru, plus « vert » d'un instrument « naturel », c'est-à-dire sans les clés des instruments modernes qui, en quelque sorte, « arrondissent les angles ». Il a donc demandé à l'instrumentiste de s'appliquer à imiter le plus possible le son d'un instrument primitif. Ou bien… faute de mieux, il jouera, écrit-il, « sur un simple instrument naturel réalisé pour cet usage ».

Nous voici plongés dans une réflexion sur la matière sonore. De même pour les cors : le cor d'harmonie, avec ses pistons, est un instrument perfectionné au XIXe siècle jusqu'au XXe. Désormais, et quoi que ce soit toujours très difficile, et même parfois périlleux, il peut jouer toutes les notes, et juste, ce qui était impossible auparavant. Les œuvres plus anciennes, jusqu'au XVIIIe siècle, notamment dans la musique de l'époque baroque, demandent des cors sans pistons, sans tubes rallonges, des cors naturels proches des trompes de chasse, qui n'ont rien à voir avec les instruments très perfectionnés et très policés des XIXe et XXe siècles. C'est-à-dire en fin de compte une matière sonore différente.

L'art de l'orchestration

En musique, on parle bien davantage de timbre que de matière, mais j'aime beaucoup ce concept de matière, d'agrégat sonore. Et même s'il n'y a qu'un seul instrument, il développe une matière sonore qu'il faut sculpter. Je pense que dans la réflexion du compositeur, dans ses choix, son concept, la notion de matière, même si elle n'est pas consciente, est essentielle. Cette matière va rendre un accord plus rugueux, une mélodie plus transparente, une harmonie plus massive... Tout cela relève de l'art de l'orchestration, de la décision de choisir à tel instant tel instrument ou tel groupe d'instruments, ce mélange d'instruments, plutôt qu'un autre. Wagner en était si conscient qu'il a grossi les effectifs orchestraux de façon à pouvoir faire entendre des accords dans la plénitude d'une sonorité unique. Un accord étant généralement composé de quatre sons, il demande quatre instruments de la même famille : quatre tubas, quatre cors, quatre trombones, quatre hautbois, etc. À l'inverse, dans *Pelléas et Mélisande*, Debussy utilise un grand orchestre, mais principalement par multiples petites touches additionnées. Au fond, tout se passe comme en gastronomie : il y a des préparations où il faut le pur jus, intense, et d'autres où s'imposent les mélanges, ce que les viticulteurs nomment les « assemblages ».

A.-L.S. : Avec *matière*, faut-il aussi entendre, en plus de cette « formation » du son, l'idée d'une espèce de forme – je pense qu'en allemand on dirait *Gestalt* –, attendue? [...]

G.C. : Ça, je ne sais pas, parce que je ne suis pas créateur. Je ne sais pas quel est l'éclair originel qui va déclencher l'imaginaire du compositeur. Est-ce qu'il va penser à une matière sonore? Est-ce qu'il va penser d'abord à une forme?

A.-L.S. : Il me semble que vous parliez d'une sorte d'idéal que Bach avait, de son désir de tout dire et de créer un monde idéal? Il pourrait y avoir cette idée d'une forme aboutie ou bien à faire aboutir/advenir?

G.C. : Oui mais à quoi la matière est étroitement associée, évidemment. Il est paru il n'y a pas très longtemps un livre d'entretiens de Michel Archimbaud avec Pierre Boulez. Un livre très intéressant, fait par quelqu'un d'intelligent et de grande culture, mais apparemment non spécialiste de musique contemporaine, ou du moins qui s'efface devant les aspects techniques de la musique. Voilà qui est très fructueux. Boulez se plie au jeu, il répond avec des mots simples et non techniques, et donc le dialogue est bon. Or j'ai remarqué que sur quelque 250 pages,

Boulez ne parle jamais d'émotion, il ne prononce pas une fois le mot. Ni le mot, ni ce qui pourrait l'évoquer n'apparaît. Il ne parle pas non plus d'auditeurs, jamais. Le mot *plaisir* semble tellement vulgaire, la notion même de plaisir esthétique à ce point honteuse qu'il paraît imprononçable. Ce n'est ni nouveau, ni propre à Boulez, mais le fait d'un certain nombre de créateurs de cette génération d'après la Seconde Guerre mondiale. Ici, comme ailleurs, Boulez ne parle que de forme. Très intelligemment, bien sûr, comme toujours, et c'est extrêmement intéressant, mais il y manque à mes yeux quelque chose d'essentiel. Il me semble qu'il y a dans l'œuvre, quelle qu'elle soit, aux deux bouts de la chaîne, un émetteur et un récepteur, et un agent de transmission entre les deux. Que l'émetteur ne se soucie en rien du récepteur me paraît incompréhensible. Rappelons-nous la phrase du petit Yniold dans *Pelléas et Mélisande* : « Je vais dire quelque chose à quelqu'un ». Voici le B.A.BA. d'une théorie de la communication!

Sens

G.C. : Alors, est-ce que c'est le sens ou les sens? J'ai le choix, évidemment : *les sens*, bien entendu! Mais là, on pourrait en parler en évoquant l'émotion, qui est un mot capital à l'époque baroque, précisément. Ce que Descartes appelle la passion, qui revient à l'émotion. Les éditions du Seuil, à Paris, ont récemment publié une monumentale *Histoire des émotions* en trois forts volumes. Sujet d'autant plus passionnant qu'il est difficilement saisissable. L'historien qui a dirigé le premier tome, Georges Vigarello, m'a demandé d'y traiter de *L'émotion musicale à l'âge baroque*. Quel défi! Après avoir envoyé ma contribution, mon directeur a regretté qu'il n'y ait pas plus de « ressenti » dans les témoignages que je publiais, il en aurait souhaité davantage. Et pourtant, il y en a, mais pas toujours facile à débusquer. Par exemple, quand Racine écrit dans la préface de *Bérénice* : « Je ne puis croire que le public me sache mauvais gré de lui avoir donné une tragédie qui a été honorée de tant de larmes »[1]. Ou lorsque Madame de Sévigné, après avoir assisté à une représentation de l'*Alceste* de Lully et Quinault, écrit à sa fille Madame de Grignan : « Il y a déjà des endroits de la musique qui ont mérité mes larmes. Je ne suis pas seule à ne les pouvoir soutenir; l'âme de Mme de La Fayette en est alarmée »[2]. Elle ajoute qu'elle va retourner voir et entendre la tragédie lyrique de Lully. Pour pleurer à nouveau.

On sent poindre ici un éloge des larmes, de ces larmes qu'ont tant aimé verser les auditeurs du XVIIe siècle. On sent, on palpe l'émotion, parce que les larmes en sont la manifestation

---
[1] Jean Racine, *Bérénice*, préface, Paris, 1671.
[2] Mme de Sévigné, *Lettre à sa fille Mme de Grignan*, Paris, 8 janvier 1674.

physique. Sinon, le « ressenti » émotionnel n'est pas facile à cerner, d'autant que cet éveil des sens, cette mise en mouvement des sens est une notion qui évolue avec le temps. N'oublions pas qu'*é-mouvoir* veut dire « mettre en mouvement », et plus particulièrement mettre en mouvement la sensibilité.

Ainsi, ceux qui au XVIIIe siècle en France préféraient la musique française à la musique italienne, et Dieu sait si les libelles ont circulé entre partisans et adversaires, ceux-là jugeaient en termes de sensibilité. *L'Orfeo*, en 1607 et *Ariane*, en 1608, de Monteverdi, les premiers opéras que l'on joue en Italie, sont accueillis, là aussi, avec des larmes, avec des cris, même. Mais il y a aussi des gens pour dire que ce qu'ils considèrent comme un charivari épouvantable n'est pas de la musique. On ne peut pas leur en vouloir. En tant qu'historien, j'ai tendance à accepter les témoignages tels qu'ils sont, sans porter de jugement sur ceux qui les ont prononcés. Et à essayer de comprendre, ensuite. Qui suis-je pour porter un jugement trois ou quatre siècles après? Il est facile de se gausser de ce vieux chanoine, Giovanni Maria Artusi, qui publie alors un long réquisitoire pour condamner la musique de Monteverdi, comme étant une musique criarde, incohérente, mal construite. Il intitule son pamphlet *Les imperfections de la musique moderne* – une critique ressassée de longue date!

On y lit, par exemple :

> *« Les nouvelles règles qui sont maintenant en usage et les nouveaux modes qui en découlent font que la musique moderne est désagréable à l'oreille [...]. Franchement, ces compositions sont contraires à tout ce qu'il y a de beau et de bon dans l'art de la musique; elles sont intolérables à l'ouïe et la blessent au lieu de la charmer. L'auteur ne tient aucun compte des saints principes ayant trait à la mesure et au but de la musique »*[3].

---

[3] Giovanni Maria Artusi, *L'Artusi, overo Delle imperfettioni della moderna musica ragionamenti dui*, Venise, 1600.

Or, cette musique alors « moderne », celle de l'*Orfeo*, compte aujourd'hui parmi les plus grands chefs-d'œuvre de l'histoire de la musique. Alors? Ce chanoine Artusi, pourquoi écrit-il cela? Il a ses raisons. Il ne faut pas le condamner trop vite, ou le prendre pour un demeuré d'arrière-garde. Comme beaucoup à chaque époque, et tout particulièrement de nos jours, il a du mal à se faire à une musique « moderne », d'autant que celle-ci est résolument novatrice. La raison tient à ce que pour lui, la musique est une expression d'essence divine. Il est pétri de l'idéal d'une perfection quasi abstraite, celle de la Renaissance catholique, il faut que la musique soit le reflet de la divine perfection. Or, justement, ce qu'on entend à présent, ce sont toutes les imperfections du cœur humain. Le malheureux Artusi ne peut pas adhérer à cet art nouveau. Il n'y a pas pour autant de raison de le condamner. Il est simplement le porte-parole de la sensibilité d'une partie de la société de son temps.

Pour ma part, dans une prochaine vie, j'aimerais écrire une histoire du goût musical que je fonderais sur les critiques contemporaines et postérieures d'un certain nombre d'œuvres célèbres. Regardez les commentaires de la création à l'Opéra-Comique de Paris, en 1902, de l'opéra *Pelléas et Mélisande*. Critique musical en vue, Camille Bellaigue, pourtant ancien condisciple de Debussy au Conservatoire, écrit au lendemain de la première : « L'orchestre de M. Debussy paraît grêle et pointu. S'il prétend caresser, il égratigne et blesse. Il fait peu de bruit, mais un vilain petit bruit »[4]. Le jugement et son argumentation me paraissent un peu faibles et hâtifs, mais en écrivant cela, il a derrière lui une partie des lecteurs de la *Revue des Deux-Mondes*. Il est en quelque sorte le porte-parole d'une communauté de lecteurs. Je n'ai pas à dire que ceux-ci sont de vieux cornichons. Ils sont ainsi, et il faut les prendre comme tels en respectant leur goût. Il n'est d'ailleurs pas dit que vingt ans plus tard, ces lecteurs n'auront pas changé d'avis, leurs oreilles s'étant formées à ces musiques nouvelles. Le *Sacre du printemps* aura passé entre-temps! Or, peu après cette

---

[4] Camille Bellaigue, in *La Revue des deux mondes*, Paris, 15 mai 1902, p.452.

critique, paraît ailleurs un nouvel article sur la création de *Pelléas et Mélisande*. Il figure en première page, signé du compositeur Paul Dukas. L'article commence par ces mots : « Il vient d'arriver à M. Albert Carré, directeur de l'Opéra-Comique, une bien singulière aventure : il a joué un chef-d'œuvre »[5]. Point. S'ensuivent de nombreuses colonnes de commentaire. Ce n'est plus une critique d'impression, superficielle, dans l'instant, un propos d'entracte, mondain, révélateur d'un certain « ressenti », mais un article d'information dûment réfléchi et informé, Dukas s'étant entre-temps fait communiquer la partition pour l'étudier. Extraordinaire, non ? Je pense donc qu'en ménageant ainsi des confrontations de jugements sur des œuvres emblématiques de diverses périodes, de certains styles, on arriverait à cerner une histoire du goût musical, comme il y a eu il y a un siècle, toutes proportions gardées, une monumentale histoire du sentiment religieux en France, due à Henri Brémond. Sans vouloir moquer les critiques ayant porté un jugement qui nous semble aujourd'hui irrecevable ou ridicule, il serait très intéressant de tenter ainsi une démarche comparable sur le goût musical d'une société.

« Musique, que me veux-tu ? »

À côté de tout ce qui relève de la sensibilité, de la perception sensorielle de la musique, une question se pose : la musique a-t-elle un sens ? Est-elle un langage non verbalisé ? C'est là une vaste question, dont on débat depuis très longtemps. Rappelez-vous la célèbre interrogation, sans doute apocryphe, prêtée à l'écrivain Fontenelle, au début du XVIIIe siècle : « Sonate, que me veux-tu ? », peu avant que le philosophe et mathématicien d'Alembert n'affirme que « la musique instrumentale, sans dessein, sans objet, ne parle ni à l'esprit ni à l'âme »[6].

---

[5] Paul Dukas, « Pelléas et Mélisande », in *Chronique des Arts et de la Curiosité*, Paris, mai 1902.
[6] Jean Le Rond d'Alembert, *De la liberté de la musique*, § XXVIII, Paris, 1759, p. 544.

Alors ? Après la réponse de d'Alembert, il reste de la question de Fontenelle que la musique instrumentale, sans paroles, le touche, comme elle nous touche tous, qu'elle est une cénesthésie, puisqu'elle s'adresse d'abord à notre corps plus qu'à notre esprit, ce qu'un être rationnel ne peut que rejeter, bien sûr. Là se trouve peut-être l'une des raisons pour lesquelles Goethe, cet esprit universel, n'a pas pris le moindre intérêt aux lieder – ce qu'en français on appelle aussi des mélodies – que Schubert venait d'écrire sur ses poèmes, ni d'ailleurs à la musique en général, le seul domaine qu'il paraît avoir négligé dans son savoir encyclopédique. Je dirais personnellement que la musique tient un discours, et cela en particulier à l'époque baroque.

Le théoricien Neidhardt n'affirmait-il pas en 1706 : « Le but de la musique est de rendre sensibles les passions au moyen des simples sons et du rythme des notes, à la façon du meilleur orateur »[7] ? À la fin du siècle, l'un des plus chers disciples de Bach, Kirnberger, pourra encore à son tour, fort de l'enseignement reçu, affirmer qu'« une composition musicale est faite comme un discours ». Plus tard encore, en 1802, le premier biographe de Bach parle du compositeur comme du « plus grand orateur et poète musical des temps passés et futurs »[8].

L'un des plus grands théoriciens de la musique de ce temps, Johann Mattheson, ne cesse de parler de « discours musical », en allemand *Klangrede*. Ce discours non verbal ne peut évidemment être comparé au langage parlé, mais les analogies sont nombreuses et troublantes. C'est tellement vrai qu'au XVIIe siècle et au début du XVIIIe sont publiés de nombreux traités de *rhétorique* musicale, où l'on ne manque pas de comparer ce « discours musical » avec l'éloquence sacrée des prédicateurs. J'ai pu personnellement faire observer que certaines

---

[7] Johann Georg Neidhardt, *Beste und leichteste Temperatur des Monochordi*, Iéna, 1706.
[8] in Johann Nikolaus Forkel, *Sur la vie, l'art et les œuvres de Johann Sebastian Bach,* Leipzig, Hoffmeister et Kühnel, 1802.

œuvres de Bach sont construites exactement comme les traités de rhétorique spirituelle recommandent, par exemple, de traiter l'oraison funèbre.

Lorsque l'œuvre musicale se fonde sur un texte, il est facile de comprendre s'il s'agit d'une oraison funèbre. C'est le cas de l'admirable *Ode funèbre*[9] de Bach, à la mémoire de la princesse électrice de Saxe délaissée par son mari, Auguste le Fort, électeur et également roi de Pologne. Bach lui-même l'a intitulée en français *Tombeau pour S. M. la reine de Pologne* (BWV 198). Dans la musique instrumentale sans paroles, la structure de l'œuvre informe sur l'affect. Ainsi de la *Fantaisie et fugue en sol mineur* pour orgue, construite comme une oraison funèbre et qui pourrait être un « tombeau », comme on disait alors, un hommage funèbre à la mémoire de la première épouse de Bach, Maria Barbara, qui venait de mourir subitement. Les six sections de la fantaisie correspondent en effet aux six sections du discours rhétorique, *Exordium, Narratio, Propositio, Confutatio, Confirmatio, Peroratio*. En ce sens, la musique prend la parole.

Mais il y a une façon plus subtile encore pour la musique de prendre la parole, et qui ne peut qu'échapper aux mélomanes d'aujourd'hui s'ils n'ont pas été informés. Au cours du service religieux luthérien, la cantate traite un motif spirituel, celui-là même que développe le pasteur en chaire. Elle est exécutée avant et après l'homélie, et forme avec elle un ensemble cohérent de prédication. Avec ses figuralismes et toutes ses ressources expressives, la musique développe les idées et les images exprimées par les mots du livret.

Or il arrive qu'en écoutant un air accompagné par les instruments à cordes, par exemple, on entende tout à coup, dans le tissu instrumental, s'élever une phrase de hautbois, par exemple. C'est très joli, n'est-ce pas? Sans doute, mais pour

---

[9] Pour illustration sonore : Johann Sebastian Bach, *cantate « Laß Fürstin, laß noch einen Strahl »* BWV *198*, « Ode funèbre ». https://youtu.be/HOEbPrjuKXA *(cf. code QR)*

un auditeur de l'époque, assistant au service dominical dans l'église, ce motif de hautbois n'est pas qu'une jolie musique. C'est un thème de cantique, ce que l'on nomme un choral, puisque destiné à être chanté en chœur. Et ce choral a des paroles, bien sûr. Donc le fidèle entend à la fois les paroles du chanteur, et mentalement d'autres paroles, celles du choral, paroles qu'il connaît bien pour avoir souvent chanté ce cantique.

Or ces paroles sous-entendues disent autre chose que les paroles chantées, cela afin d'aider l'auditeur à comprendre le sens de cette prédication sonore. Cette façon d'attaquer un texte, peut-être difficile, par un autre texte bien connu permet donc de forer, de creuser ce texte spirituel que je ne comprends pas très bien. C'est tout simplement la technique de l'exégèse. Et voilà qu'à nouveau la musique a pris la parole et s'est faite porteuse de signification. Cette technique n'est pas propre à Bach ni à l'art baroque.

Dans ses opéras, et en particulier dans la *Tétralogie*, Wagner use de *leit-motive* porteurs d'un sens qu'il m'a appris à connaître précédemment dans le cours de l'œuvre. Et voilà que ce sens vient souvent contredire ce que les chanteurs expriment sur la scène, dans une technique très élaborée de contre-langage. Cette stratégie sonore répond à la vision d'Arthur Schopenhauer, l'orchestre des puissances naturelles, cosmiques, dans la fosse, venant contredire les illusions humaines, sur la scène, *le monde comme volonté* s'opposant au *monde comme représentation*. La musique *dit*, même si ce qu'elle dit n'est pas réductible aux concepts de nos mots. J'ai envie de dire, à l'imitation du Christ dans la Parabole du semeur : « Que celui qui a des oreilles pour entendre, entende! ».

Beauté

G.C. : Dans son roman *L'Idiot*, Dostoïevski écrit : « La beauté sauvera le monde ». Il se trouve que j'en ai parlé, un jour, avec le comédien Michael Lonsdale qui venait de publier un magnifique ouvrage intitulé *L'amour sauvera le monde*. Il me dit : « *Bien sûr, ce n'est pas la beauté qui sauvera le monde, c'est l'amour. La beauté elle-même ne peut pas le faire. C'est l'amour, parce qu'il est d'essence divine* ». La beauté est insaisissable. C'est pourquoi on court toujours après. Il y a mille façons d'aborder la question. La beauté, ce pourrait être ce vers quoi on tend quand on crée, quand on écoute, quand on vit… Il n'y a pas de critères objectifs de la beauté. Et pourtant, la notion de beauté évolue dans le temps, dans les sociétés et dans les cultures. Ce qui sera beau pour un Égyptien de la vallée du Fayoum ou un Chinois de la dynastie Ming ne le sera pas forcément pour moi. Donc, mystère.

Curiosité

G.C. : La curiosité? C'est pour moi une des vertus cardinales de tout être humain. Mais je lui substituerais volontiers un autre mot, celui d'inquiétude. L'inquiétude au sens latin, étymologique, du terme de l'*inquies*, celui qui ne peut pas prendre de repos. La curiosité en est une manifestation, qui est pour moi le propre de l'homme. Une sorte de fuite en avant, vers quelque chose que l'on pressent, mais que l'on ignore et que l'on ne peut atteindre.

Éloge de l'inquiet

Voyez l'opéra *Don Giovanni* de Mozart[1]. Depuis le *Don Juan Tenorio* de la chronique sévillane, le thème du *Burlador de Sevilla* a tenté de très nombreux auteurs, que ce soit Tirso de Molina, Molière, Byron, Milos, Delteil et tant d'autres. Ce n'est pas un hasard. Chacun a proposé une lecture différente de ce qui est devenu un des grands mythes européens. Il me semble qu'avec le librettiste Da Ponte et la musique de Mozart, il s'agit de tout autre chose que de l'histoire plutôt scabreuse d'un coureur de jupons volant d'échec en échec.

On me dit qu'au fond ce livret est caractéristique des moralistes du XVIIIe siècle. Peut-être. Mais moi, ce n'est pas du tout ce que j'entends dans *Don Giovanni*. J'entends l'« inquiet », celui qui ne cesse de toujours courir au-devant de lui-même. Celui dont la course après les femmes n'est jamais qu'une métaphore, pour me faire comprendre ce que je ne pourrais pas représenter sur la scène naturellement : l'inquiétude métaphysique.

---

[1] Pour illustration sonore : Wolfgang Amadeus Mozart, *Opéra Don Giovanni*. https://youtu.be/nV1yNgiEvIQ *(cf. code QR)*

Le personnage de Don Giovanni est l'inquiet permanent, ce qu'est (ou devrait être) tout homme. Et qui court devant le temps, toujours. À l'exception de la sérénade, mais parce qu'à ce moment, Don Giovanni a pris le travestissement de Leporello, son tempo est toujours rapide. Et d'ailleurs, à la fin, quand le commandeur, devenu statue de pierre, vient le chercher, ce n'est pas la mort. Don Giovanni va entrer dans le non-temps, dans son éternité. Dès l'instant où il est mort, il n'est plus dans le temps.

Pendant cette scène terrible, Leporello tremblant de peur, caché sous la table, dit à la statue : « Excusez-le, il n'a pas le temps ». C'est donc l'échec de sa vie terrestre. Nous sommes tous condamnés à un échec, finalement. La mort est un constat d'échec. Mais Don Giovanni est rattrapé par ce après quoi il courait, et là, cela devient vertigineux. Je trouve que c'est un opéra métaphysique, et pas une caleçonnade, fût-elle géniale. Métaphysique au même titre que *La Flûte enchantée*, quoique dans un registre opposé.

Je retrouve dans le *Don Giovanni* de Mozart le mythe de Faust, tel que l'a traité Goethe, et plus particulièrement cet épisode écrit la même année que *Don Giovanni*, en 1787, du pacte avec Méphistophélès. Ne parlons pas du livret du *Faust* de Gounod, qui relève d'un roman-photo ridicule, sans rien à voir avec la tragédie de Goethe[2], alors que la musique en est ravissante.

Chez Goethe, le vieux savant Faust a fait les opérations de magie qui ont fait entrer Méphistophélès dans son cabinet de travail. Ce Méphisto, comme on l'appelle, on ne sait d'ailleurs pas très bien qui il est. Une émanation de Satan, certainement. Il se présente en disant : « Je suis celui qui toujours nie ». Voilà qui est déjà très impressionnant. Faust et lui vont signer un pacte. Faust souhaite retrouver la jeunesse. Mais ce n'est pas pour courir les filles, comme dans le livret de Gounod (« À moi

---

[2] En Allemagne, l'opéra de Gounod n'est pas intitulé *Faust*, mais *Margarethe*.

les plaisirs, les jeunes maîtresses! À moi leurs caresses! À moi leurs désirs »), mais pour une tout autre raison. Il médite sur sa vie passée, il est devenu le vieux docteur Faust, admiré de tous les étudiants de l'université, qui le vénèrent et qu'il peut mener par le bout du nez, selon ses propres termes. Il a tout lu, il sait tout ce qu'un homme peut savoir, il a tout étudié, la médecine, l'histoire, le droit, et même, hélas, pour son plus grand malheur, dit-il, la théologie. Une sorte de nouveau Pic de la Mirandole.

De tout cela, il retient pour seule certitude, reprenant le propos de Socrate, qu'on ne peut rien savoir. Si donc, plutôt que le suicide auquel l'avaient mené ses réflexions, il préfère la jeunesse, c'est pour transformer son savoir en action. Méphistophélès et Faust vont donc finir par conclure un accord. Or, contrairement aux niaiseries du livret de l'opéra de Gounod, ce n'est pas Méphisto qui impose un vague contrat (« Ici, je suis à ton service, mais là-bas, tu seras au mien! »), c'est Faust lui-même qui en dicte les termes, et avec précision : « Si je dis à l'instant qui passe "Arrête-toi, tu es si beau!", alors, tu peux bien me frapper de chaînes, alors je consens à disparaître »[3].

Qu'est-ce que cela veut dire? Très clairement que le jour où Faust cessera d'être en quête permanente, ne sera plus habité par l'inquiétude métaphysique, il peut mourir, il n'est plus digne d'être un être humain.

À l'aube du siècle de la science, la même année, je vois les deux grandes figures mythiques de Don Giovanni et de Faust en proie à l'insatisfaction. Je m'étais toujours dit que j'écrirais un *Éloge de l'inquiétude*. Je reviens à Kierkegaard : c'est le difficile qui est le chemin.

On retrouve toujours cette même idée générale au fil du XIXe siècle. L'inquiétude, la curiosité. Dans ses *Conseils aux jeunes musiciens*, en épilogue de l'*Album pour la jeunesse*,

---
[3] Johann Wolfgang von Goethe, *Faust*, vers 1700-1703.

op. 68, Robert Schumann écrit : « On n'a jamais fini d'apprendre »[4]. Encore une façon de manifester une inquiétude. Aujourd'hui comme hier, pour beaucoup de gens, le monde a commencé avec leur naissance et finira à leur mort, sans chercher davantage, sans questionnement, quelles que soient les craintes, les angoisses ou les tragédies qu'ils aient traversées. Vous avez dit « curiosité ». Je dirai en conclusion que quiconque n'a pas connu cette inquiétude a existé, mais n'a pas vécu.

A.-L.S. : D'ailleurs, c'était frappant de vous écouter parler de Bach et de sa propre curiosité pour tout ce qui se faisait à son époque. Est-ce documenté?

G.C. : Jean-Sébastien Bach fait incontestablement partie des grands curieux! Il va même à l'opéra, à Hambourg dans sa jeunesse, à Dresde dans son âge mûr. À Dresde, il se fait escorter de son fils aîné, Wilhelm Friedemann.

La chronique nous rapporte que quelques jours avant le départ, il avait coutume de dire à son fils en forme de plaisanterie : « Friedemann, irons-nous encore entendre les jolies chansonnettes de Dresde? »[5]. Il voulait tout connaître, tout savoir. Depuis sa prime jeunesse et jusqu'à un âge avancé, il a copié des partitions qu'on lui prêtait et qui n'étaient pas éditées.

Autodidacte, il a ainsi acquis une culture musicale encyclopédique, de même qu'en théologie – l'inventaire de sa bibliothèque après sa mort en apporte le témoignage. Et il est évident qu'il a nourri son œuvre de toutes ces connaissances

---

[4] Robert Schumann, « Conseils aux jeunes musiciens », Épilogue à l'*Album pour la jeunesse* op. 68, Leipzig, 1848.
[5] in Johann Nikolaus Forkel, *Sur la vie, l'art et les œuvres de Johann Sebastian Bach,* Leipzig, Hoffmeister et Kühnel, 1802.

et ces réflexions. Il n'est d'ailleurs pas un cas isolé. Son contemporain et ami Georg Philipp Telemann, lui aussi, est à l'affût de tout. Jeune encore, il suit en Pologne la petite cour de Sorau qui l'emploie. Là, il découvre de la musique traditionnelle jouée par des Tchèques de Moravie, les Hanakes, et il s'enflamme pour cet art d'« une barbare beauté », écrit-il. Qu'un compositeur puisse apprécier à tel point une musique populaire étrange, qu'il va écouter jusque dans des cabarets de bas étage, selon ses propres dires, et cela en une époque où seule la musique de cour ou de ville, la musique policée a droit de cité, dit assez l'étendue de sa curiosité.

Et il conclut cette relation enthousiaste en indiquant que « quiconque y prêterait attention pourrait en huit jours réunir des idées pour toute sa vie »[6]. Avoir noté de tels propos dans les années 1710 est proprement stupéfiant.

---

[6] Georg Philipp Telemann, *Autobiographie*. In Johann Mattheson, *Grundlage einer Ehrenpforte*, Hambourg, 1740.

Faire

G.C. : Ah, *faire*! On retrouve ici l'*homo faber*, naturellement. Faire permet de vivre, de survivre ou de vivre mieux. Au sens le plus général, la cueillette, la pêche, la chasse sont parmi les modalités du *faire*. Mais il y a un *faire* supérieur, qui est le *créer*, le ποιειν grec, *poiein*, qui a donné son nom à la poésie. La création.

La vocation à créer

Cette vocation à créer est le fruit de notre angoisse existentielle, c'est elle qui nous pousse à faire, à créer. Notre inquiétude métaphysique, cette inquiétude vitale qui fait que je *fais*. Je reviens à l'inquiétude. En travaillant sérieusement sur Bach, je me suis aperçu d'une chose que les commentateurs ne relèvent en général pas, c'est qu'il est, contrairement à l'apparence, un angoissé. Et sans doute un angoissé profond. Alors que sa musique nous donne l'apparence de la sérénité, avec cette pulsation régulière, cette matière ample, ce flot puissant. À la fin de sa vie, il constitue ce que l'on nomme aujourd'hui la *Messe en si mineur*, pour des raisons d'ailleurs encore non élucidées, peut-être une commande. Pour cela, il raboute des morceaux épars dans son œuvre, dont le plus ancien a trente-cinq ans d'âge. Mais il lui manque encore trois chœurs dans le *Credo*, les tout derniers qu'il composera. Le chœur final, ses derniers mots en musique, peut-être, dit « *Confiteor unum baptisma* », je crois en un seul baptême. Dans ce verset arrivent les paroles « *Et exspecto resurrectionem mortuorum* », et j'attends la résurrection des morts. L'homme Bach est usé, épuisé, même. Il perd la vue. Cela se voit très bien sur le manuscrit : son écriture naguère encore si maîtrisée, olympienne, se met à trembler et à décliner. On sent qu'il se sait au bord de la tombe. Et voici l'heure de vérité. « J'attends la résurrection des morts ». Mais est-ce que j'en suis bien sûr? Est-ce que tout ce sur quoi j'ai bâti mon existence résiste encore? Maintenant, devant le néant, devant l'éternité… N'ai-je pas bâti sur du sable? Il y a alors, sur ces mots, un épisode de vingt-six mesures seulement, complètement chromatiques, torturées, une espèce de tunnel sonore. On ne sait plus où l'on est, c'est le noir total. Et c'est bien Bach qui s'exprime ici : le texte est prononcé à la première personne, c'est bien lui qui attend la résurrection des morts. Et puis tout à coup, pour conclure, la lumière reparaît : « J'attends la vie des siècles à venir ». Trompettes, timbales, *ré* majeur, triomphe final de la vie sur la mort. L'angoisse exorcisée. *Happy end*, comme le veut le texte du *Credo*. Mais on est passé par une épreuve de vérité effroyable, qui a fait surgir le doute, immense, qui envahit cet homme à l'article de la mort, et révèle chez lui une angoisse existentielle enracinée très profondément au fond de sa psyché.

D.R.

Bach. Messe en si mineur. Et exspecto, détail (1749).

Cette observation inattendue m'a fourni une clé de lecture de son œuvre, de sa démarche créatrice. Ce que j'ai exposé en conclusion de mon livre *Le Moulin et la Rivière*, un essai sur la pensée musicale de Bach, précisément. Rendez-vous compte : ce petit gamin, le dernier de la famille, qui voit mourir, sous ses yeux, sa mère, alors qu'il vient d'avoir neuf ans, puis quelques mois plus tard, son père. Il se retrouve orphelin. Une tragédie. Et puis, à trente-cinq ans, il rentre de voyage pour apprendre que sa femme, qu'il a quittée en bonne santé, est morte et vient d'être enterrée. Ce même homme qui voit mourir dix de ses enfants à la naissance ou dans leur âge le plus tendre. Qui se trouve constamment en contact avec la mort, les funérailles, les hommages funèbres... Quand il harmonise le chant du *Notre Père*, qui est très simple, très diatonique, il ne manque pas d'introduire des harmonies dissonantes. Notre Père dans le royaume des cieux, c'est évidemment pour un chrétien Dieu le Père. Mais c'est encore pour Jean-Sébastien son propre père, qui lui a appris la musique, qu'il a vu mourir et qui est maintenant, peut-il penser, dans le royaume des cieux. La conclusion de cette réflexion s'est imposée à moi. Comme toute création, me semble-t-il, l'œuvre de Bach apporte une réponse à l'angoisse vitale du créateur, elle en est la sublimation. L'œuvre d'art transcende cette douleur existentielle en créant un univers d'une beauté idéale, dans le cas de Bach, ou qui lui apporte une catharsis, une purification.

Angoisse et sublimation

C'est sans doute pourquoi Bach a créé cette harmonie parfaite, ce contrepoint indémaillable, sans failles, cette puissante motricité. Sauf ici, *Et exspecto*, où il nous laisse entrevoir un bref instant dans son rempart une lézarde qu'il referme vite. Je compare volontiers ce processus d'idéalisation à ces enluminures du Moyen-Âge qui représentent une mère et son enfant, ou une jeune fille et son amoureux, ou encore la Vierge Marie, dans un jardin clos, le *Hortus conclusus*. Le mot latin de *hortus*, le jardin, vient d'ailleurs d'un mot indo-européen qui désigne un espace *clos*. Clos par un mur ou par une haie végétale, où les êtres se protègent du monde extérieur en devenant inaccessibles.

La musique de Bach est un peu cela, une musique idéalement belle, forte, indestructible, conçue pour le protéger des souffrances de la vie. Et sans doute nous-mêmes, par la même occasion… et créer un monde idéal où il fait bon vivre. Cela, c'est une espèce de philosophie du *faire*, peut-être.

Histoire

G.C. : De la notion d'histoire, en art, je voudrais rapprocher celle de tradition. Dans sa jeunesse, Pierre Boulez prônait l'idée de la *tabula rasa*. « Du passé, faisons table rase », comme le chante l'*Internationale*.

Malgré le respect que j'éprouve à l'égard de Pierre Boulez, c'est à la fois impossible et absurde. Que nous le voulions ou non, nous sommes tous solidaires, tributaires d'un passé, passé proche et même passé lointain, de l'inconscient collectif.

Passé, présent et avenir

Je pense d'ailleurs qu'il faut connaître ce passé pour mieux comprendre et vivre le présent, et se projeter dans l'avenir. En musique, pour un compositeur, ou même un simple auditeur, comment ignorer tout le passé?

Cela nous ramène alors à la tradition. Stravinsky disait très justement qu'« une tradition véritable n'est pas le témoignage d'un passé révolu; c'est une force vivante qui anime et informe le présent »[1].

Ce qui me semble profondément vrai. On ne peut être dans le présent que si l'on est enraciné dans l'histoire. C'est la seule façon de prophétiser, au sens grec du terme, de voir à travers l'avenir.

Et j'aime par-dessus tout ce mot fulgurant de Gustav Mahler, que l'on prête aussi à Jean Jaurès, et même au pape Jean XXIII, et qui serait dû à l'origine à Thomas More : « La tradition, c'est la transmission du feu et non l'adoration des cendres ».

---
[1] Igor Stravinsky, *Poétique musicale*, Paris, Plon, 1939 p. 40.

Rupture

G.C. : C'est parce qu'il y a cette transmission du feu, que l'on peut procéder par rupture avec le passé, mais tout en se nourrissant de ce passé. Mon passé à moi, ce n'est pas seulement depuis ma naissance. C'est l'océan d'une humanité entière dont je suis la petite écume éphémère, la vague qui déferle et vient se briser sur la grève, et puis il y en aura d'autres après, des milliards d'autres.

Faire table rase?

On ne peut donc pas faire table rase, mais procéder par ruptures, oui, sans toutefois ignorer le passé dont on ne peut se défaire. La rupture peut être féconde. Mais ceux qui ont vraiment opté pour des ruptures radicales, n'ont souvent pas connu de postérité. Quand, au début du XVIIe siècle, Don Carlo Gesualdo a expérimenté des harmonies dissonantes invraisemblables, à l'écouter aujourd'hui on a l'impression qu'il a des siècles d'avance[1]. Mais il n'y a pas eu de suite, ni chez lui, ni chez les autres. Une sorte d'impasse. Ce qu'il écrit est visionnaire, et bouleversant, en rupture avec ce qui se fait alors. Une rupture qui use des mêmes procédés, mais qui mène beaucoup plus loin. Trois siècles plus tard, Schönberg pousse le système de la tonalité dans ses derniers retranchements, et arrive un moment où, apparemment du moins, on ne peut plus rien faire. C'est-à-dire qu'on a l'impression que tout a été dit, que tout a été fait; en ce sens, il faut faire table rase. Ce que Schönberg va faire avec la musique sérielle, dans la nouvelle grammaire musicale qu'il invente. Eh bien, cinquante ans après, c'est fini. Cela a été une expérience enrichissante, pour certains. Ne serait-ce que négativement. Tant mieux si cela a servi à réfléchir plus loin, mais cela a aussi servi à fabriquer, à côté de chefs-d'œuvre comme *Lulu*

---
[1] Pour illustration sonore : Don Carlo Gesualdo. *Madrigal* « moro lasso », https://youtu.be/6dVPu71D8VI *(cf. code QR)*

d'Alban Berg, des œuvres sans intérêt, parce que l'on a parfois vu dans cette nouvelle grammaire des systèmes, des trucs, des outils de fabrication de la musique. Je dis bien *fabrication*. Quand j'entends une œuvre nouvelle que je ne connais pas, je me dis souvent : « Là, j'entends un compositeur, un vrai musicien », ou à l'opposé « Pour moi, voici un fabricant de musique, pas un authentique compositeur ». Ce n'est pas du tout la même chose !

A.-L.S. : Que dire de John Cage : *4 minutes 33 ?*[2]

G.C. : Oui, le silence…

A.-L.S. : Le silence. Comment, en tant que musicologue, accueillez-vous cette rupture, si c'en est une ?

G.C. : Il y a chez John Cage un aspect humoriste associé à son goût pour la provocation. Cage était un personnage invraisemblable, très attachant. Il était aussi mycologue, grand connaisseur de tous les champignons. Et puis il fabriquait des « pianos préparés », en mettant des petites punaises, du papier de soie entre les cordes, des objets, des choses hétéroclites un peu bizarres. C'est très excitant. Voilà un cas de rupture totale avec le passé, on entre dans le domaine expérimental. Est-ce que tout cela aura beaucoup de lendemain ? Je l'ignore. Je ne suis d'ailleurs pas du tout sûr qu'il y ait eu le moindre lendemain, comme des expérimentations de Mauricio Kagel. Est-ce utile, est-ce important ? L'important est qu'il y ait un présent et que cela m'apporte quelque chose, ne serait-ce qu'une distraction. Cela aura eu au moins le mérite de me faire réfléchir. Je peux citer un autre musicien, un Allemand disparu récemment, Gerd Zacher[3]. Il a composé une sorte de suite à *L'Art de la fugue*, qu'il appelle *L'Art d'une fugue*, en différents styles. Or il a inséré un nouveau contrepoint, sans musique. Il ne reste que le chef qui dirige du silence, par des signaux appropriés. C'est un peu l'histoire des *4 minutes 33* de John Cage.

---

[2] Un morceau de 4 minutes 33 secondes composé de trois mouvements de complet silence. Interprété en 1952 par David Tudor : https://youtu.be/gN2zcLBr_VM *(cf. code QR)*

[3] Pour illustration : Gerd Zacher. *Die Kunst einer Fuge*, Variation Nr 10, No-Music.

Pourquoi pas ? À priori, j'accueille cette proposition, même s'il est difficile en ce cas de parler d'œuvre, dans la mesure où je sais que Cage comme Zacher étaient aussi des hommes qui savaient écrire de la musique. Sinon, ce pourrait être un « gag » fait par n'importe qui dans la rue, et il n'en manque pas à notre époque, à portée très limitée. Voici que l'on m'oblige à écouter un silence, donc en silence. Cela rejoint pour moi la pensée de Blaise Pascal : « Tout le malheur des hommes vient d'une seule chose, qui est de ne pas savoir demeurer au repos dans une chambre »[4]. Seul, en silence, face à moi-même.

---

[4] Blaise Pascal, *Pensées*. Pensée, B139, Divertissement. Ou Gallimard, fragment 126.

Productivité

G.C. : La productivité au sens moderne ne m'intéresse pas énormément. Je m'excuse auprès des gestionnaires, mais on ne demande pas à un créateur, a priori, une quelconque productivité. On ne dit pas : « Je vous donne tant d'argent, mais à condition d'avoir écrit tant de doubles croches en un mois ». Non, pas encore. Cela viendra peut-être. Il arrive que certains auteurs ne livrent leur commande qu'avec retard. D'autres commandes, encore, ne sont jamais honorées par l'un des partenaires. Et puis il y a en effet, outre toutes les circonstances matérielles, des créateurs plus ou moins lents, plus ou moins féconds. Et cela pose une nouvelle énigme. Le Brésilien Heitor Villa-Lobos disait que les partitions de ses œuvres mises bout à bout feraient plusieurs fois le tour de la terre. Le Finlandais Leif Segerstam dépassait les trois cents symphonies au milieu de l'année 2017. Darius Milhaud aurait écrit plus de cinq cents œuvres. Inévitablement, il y a parmi celles-ci de « la musique que c'est pas la peine », comme disait l'excellent Chabrier. Mais il y a aussi des pages merveilleuses d'imagination et de poésie. Milhaud créait comme un pommier fait des pommes. Il ne retouchait pas ses œuvres, alors que certains compositeurs retouchent sans cesse. Il m'a raconté qu'un jour, l'Opéra de Monte-Carlo lui a demandé un ballet. « Je me suis souvenu que j'avais écrit, il y a une trentaine d'années, un ballet qui s'appelait *Vendanges*, et qui n'avait jamais été joué. Alors, je l'ai ressorti… »

Productivité et qualité

Cela montre que l'on ne peut parler de productivité qu'en mettant en balance la qualité. On peut produire des « navets » en grand nombre, c'est vrai au cinéma ou en littérature, d'innombrables « croûtes », comme on voit en peinture, c'est vrai dans tous les domaines. Mais il est extraordinaire de constater que la productivité peut s'accompagner d'une inquiétude menant à des choix drastiques douloureux. De tout ce qu'a composé Paul Dukas, il ne reste que quelques œuvres, admirables, celles qu'il a bien voulu conserver. Le compositeur finlandais Sibelius a jeté au feu une partie de son œuvre. Maurice Ravel a peu écrit, mais ce sont des chefs-d'œuvre auxquels on ne saurait ajouter ni retrancher la moindre note. Maurice Duruflé n'a laissé que quatorze numéros d'opus. Qui s'en plaindrait, si c'est pour ne conserver que des œuvres exceptionnelles?

À l'inverse, Telemann, contemporain de Bach et de Haendel, a composé plus de 3 000 œuvres – lui-même ne savait pas combien. Et il écrit qu'après avoir entendu dans sa jeunesse des ouvertures françaises qui l'ont enthousiasmé, il a composé à son tour près de deux cents ouvertures de ce style en deux ans! Il a écrit 1 300 cantates, peut-être 600 suites, vraisemblablement une centaine d'opéras. Il reconnaissait lui-même cette productivité extraordinaire. Mais le plus étonnant avec lui, c'est la diversité, l'originalité de ces œuvres, où l'intérêt rebondit sans cesse. Tel petit mouvement de concerto de moins de trois minutes peut être un bijou de poésie, d'humour ou de charme. On ne peut nier non plus que certains auteurs ont produit en grande quantité des pages parfois très répétitives. Stravinsky reprochait à Vivaldi d'avoir « recomposé six cents fois le même concerto »[1]. Je pense que c'est dans ce cas une erreur d'appréciation, qui s'explique en partie par la façon « non informée » et assez mécanique dont on jouait ces concertos à cette époque de la découverte de Vivaldi. Il n'en est pas moins vrai que l'on a produit en très grand nombre des œuvres musicales d'un faible intérêt, comme dans tous les autres domaines de la création. Ce que j'appellerais de la musique automatique, ou de la musique de consommation.

---

[1] Igor Stravinsky. In *Avec Stravinsky, Entretiens avec Robert Craft*, version française, Éditions du Rocher, Monaco, 1958, p. 68

Productivité à outrance

Il y a d'ailleurs, dans le passé, une raison à cette hyperproductivité. C'est que jusqu'au début du XXe siècle, il n'y avait pas de moyens « mécaniques » de reproduction; pas de disques, pas de radios… Et jusqu'au XVIIIe, pas beaucoup de théâtres, moins encore d'Opéras, peu de presse. On publiait des livres, mais les tirages n'étaient pas très importants. La distraction principale, à la cour, dans les églises, à la ville ou à la campagne, c'était la musique, une musique qui ne pouvait être exécutée que par des êtres vivants. Et l'on aimait les œuvres nouvelles! Il fallait donc produire des quantités considérables de musique. On faisait de la musique partout, dans des lieux fermés, comme des salles de café ou des manèges, ou en plein air, sans parler des églises, grandes consommatrices de musique. C'est dans ce contexte qu'a travaillé Bach, manifestant une intense productivité à l'intérieur de contraintes précises, celle de la cantate du dimanche, entre autres, mais marquée du sceau de son génie! Les premières salles de concert ne sont apparues, très lentement, qu'au XVIIIe siècle. Dans les pays luthériens, les villes, même très modestes, appointaient des musiciens municipaux qui venaient, en dehors de leurs obligations professionnelles, jouer les chorals, matin et soir, depuis l'hôtel de ville, et qui participaient aux divers événements de la vie civile et religieuse.

Rigueur

G.C. : Je vais répondre sur un plan un tout petit peu technique. Je faisais allusion, tout à l'heure, à la fugue. La fugue n'est pas une forme à proprement parler, c'est un genre musical. L'élaboration d'une fugue répond à une parfaite rigueur. Et on la fait souvent précéder d'un prélude, qui est au contraire le lieu de la plus grande liberté. Mais dans une œuvre d'art, il n'y a de rigueur que si elle est animée par de l'imagination. Et il n'y a d'imagination que si elle est structurée par de la rigueur.

L'imagination et la rigueur

Ces deux composantes, l'imagination et la rigueur, doivent se retrouver dans toute œuvre, dans toute forme, et pas seulement musicale, dans tous les genres. Voilà ma réponse sur la rigueur. La rigueur pour elle-même, c'est quelque chose de desséché, qui n'a guère d'intérêt autre qu'intellectuel. De même que l'imagination pour elle-même, débridée, sans maîtrise mentale, comme quelqu'un qui laisserait courir ses doigts sur le clavier, à l'aventure : aucun intérêt. On ne m'emmène nulle part, je ne sais pas très bien ce que c'est. J'ai besoin aussi d'un cadre, de comprendre le discours.

Pour cela, il faut de la rigueur. Une forme extrêmement rigoureuse ne se conçoit pas sans imagination, et inversement. Ce sont pour moi les deux faces d'une même réalité. C'est très précisément ce que Bach nous enseigne dans les préludes et fugues du *Clavier bien tempéré*.

Bach. Prélude de choral pour orgue « O Mensch bewein' dein' Sünde gross ».
Une mesure corrigée et remplacée (ca 1714)

Lieu

G.C. : La vie de la musique est indissolublement liée au lieu où on la fait entendre. Et le compositeur, lui-même, se soucie du lieu. Un exemple. À la fin de sa vie, Joseph Haydn est libre de ses mouvements, et non plus attaché à la cour des Eszterházy. On considère alors qu'il est le plus grand compositeur de son temps, ce qui est vrai depuis la mort de son ami Mozart. Et voici qu'il est invité à se rendre en Angleterre, où on lui demande d'écrire des symphonies.

Dans sa réponse, il indique qu'il ne peut pas écrire de symphonies s'il ne sait pas où elles seront exécutées. Parce qu'il y a une dialectique intime entre la matière sonore et l'acoustique du lieu où la musique aura à se développer. Elles sont indissolublement liées.

Par exemple, les organistes savent très bien que quand il y a une grande réverbération dans une cathédrale, on ne peut pas jouer très fort en modulant dans diverses tonalités, ou dans un discours volubile. Le résultat sonore serait une bouillie indescriptible.

Au contraire lorsqu'il y a des épisodes très chromatiques, modulants ou rapides, on ne peut le faire que dans des intensités modérées ou faibles.

Le métronome, enfin!

Le tempo, le mouvement est lié également au lieu, donc à l'acoustique. Au début du grand siècle de la science, le XIXe, on a inventé le métronome, parce que l'on pensait pouvoir tout mesurer, tout codifier, tout expliquer. Le métronome va enfin nous dire comment il faut jouer la musique, à quelle vitesse. Illusion totale!

*Bach. Passion selon saint Matthieu.
Copie de 1736 par le compositeur, réalisant une mise en pages
montrant ce qu'il attend de l'exécution (page de gauche).*

*Bach. Passion selon saint Matthieu.
Copie de 1736 par le compositeur, réalisant une mise en pages
montrant ce qu'il attend de l'exécution (page de droite).*

La vitesse d'exécution, ce que l'on nomme le *tempo*, dépend de nombreux facteurs, de l'instrument, de l'artiste, de son humeur du moment, du jour et de l'heure, de la réceptivité de l'auditoire, et bien sûr de la salle et de son acoustique, si c'est un petit salon ou une salle de deux mille places… Le rendu et le « ressenti » seront chaque fois différents.

Ce qui compte, c'est donc l'affect, le sentiment et la façon d'en rendre compte, mais pas l'indication métronomique ou chronométrique. Beethoven s'est intéressé au métronome que venait d'inventer l'horloger bavarois Johann Nepomuk Maelzel. C'était pour lui une façon de donner des indications précises. Et dans le deuxième mouvement de sa huitième symphonie[1], il rend hommage à Maelzel.

On croit entendre le métronome faire son tic-tac, ce qui est très amusant. Mais quant à elle, l'indication de tempo métronomique ne veut pas dire grand-chose. Beethoven était sourd. Que veut dire une indication métronomique alors qu'il frappe désespérément sur son piano dans sa chambre pour tenter d'entendre un peu de ce qu'il a écrit, et qu'il en casse ses pianos les uns après les autres?

Quand Schumann marque en tête d'un morceau *Stürmisch bewegt*, c'est-à-dire *animé et tempétueux,* ou *dans le mouvement d'une tempête*, ce qu'il faut rendre, ce n'est pas la vitesse de la tempête, mais l'énergie, l'urgence, le danger, aussi, de la tempête. Le *caractère* d'une tempête.

Et cela, c'est une indication d'affect, beaucoup plus forte que de dire « Il faut qu'il y ait cent-vingt noires par minute ». On peut avoir joué ces cent-vingt noires à la minute, montre en main. Et alors? Si ce n'est que cela, aucun intérêt, autant placer un robot devant le clavier (*cf. photos pages 90 et 91*).

---

[1] Pour illustration sonore : Ludwig van Beethoven. *Symphonie n° 8*, 2e mouvement. https://youtu.be/l5yLP48KIKE *(cf. code QR)*

Vie quotidienne

G.C. : La vie quotidienne est liée à l'urgence de la création, je le redis. Rappelez-vous la première des *Lettres à un jeune poète* de Rilke. Il écrit ceci, fondamental, à son jeune correspondant : « Demandez-vous à l'heure la plus silencieuse de votre nuit : "Suis-je vraiment contraint d'écrire?" Creusez-en vous-même vers la plus profonde réponse. Si cette réponse est affirmative, si vous pouvez faire front à une aussi grave question par un fort et simple : "Je dois", alors construisez votre vie selon cette nécessité »[1]. Toute la vie du créateur s'en trouve alors changée, parce qu'elle répond à une nécessité existentielle. Voilà, le quotidien de la création. Quand j'avais vingt ans, j'ai composé un petit peu, comme tout le monde qui fait des études d'écriture musicale. Mais j'ai eu la grande chance, parmi d'autres, de m'apercevoir très rapidement que je n'étais pas compositeur. Je ne connaissais pas cette urgence qui doit être celle du compositeur, je n'avais pas cette vision intérieure qui veut, qui doit absolument s'exprimer. Ce que je pense avoir à dire aux autres, je le dis d'autres façons, tout simplement. Je n'étais pas compositeur et j'ai tout déchiré. J'aurais été la honte posthume de mes enfants s'ils avaient découvert ça plus tard! Tout le quotidien ne peut que découler de cette urgence à créer, à *faire*. On retrouve les mêmes mots finalement. Et à ce moment-là, il faut y soumettre sa vie.

Une impérieuse nécessité

Gustav Mahler était incontestablement un très grand compositeur, mais il n'avait pas le temps de composer durant l'année, trop pris par ses multiples activités de directeur de l'Opéra de

---

[1] Rainer Marie Rilke, *Lettres à un jeune poète*, op. cit.

Vienne, de chef d'orchestre, de metteur en scène… Alors, l'été, pendant que l'Opéra ne jouait pas, il se réfugiait en pleine nature, dans un *Komponierhäuschen*, une petite maisonnette à composer, dans la région du sud du Tyrol, en Autriche, au bord d'un lac. Et il s'isolait complètement. À l'époque, il n'y avait pas de téléphone portable, il était tranquille pour composer. Dans le silence de la nature. Beaucoup ont fait ainsi. Beethoven, lui, par la force des choses, s'est réfugié dans sa surdité, face à lui-même. Ce qui est un drame terrible.

(Dessin de Carl Moll., D.R.)
La maisonnette à composer de Toblach, où Mahler se retirait l'été.

Mozart était capable de composer en s'abstrayant de tout environnement quotidien, au café, alors que les gens s'amusaient, buvaient et parlaient bruyamment. À Prague, pour se tenir en éveil la nuit où il composa d'un trait l'ouverture de *Don Giovanni* qui devait être jouée le surlendemain, il se faisait lire par Constance, sa femme, des *Contes des Mille et une nuits*. Mystère. Le bureau de travail de Bach à l'école St-Thomas, à Leipzig, qui vit éclore, entre autres, les *Variations Goldberg* et *L'Art de la fugue*, n'était séparé que par une cloison de plâtre des salles d'étude et des dortoirs des pensionnaires, de jeunes sauvageons qui devaient le gratifier des éclats de leurs disputes et des batailles de traversins. On observe toujours et partout cette sorte de repli intérieur, de fermeture complète au monde extérieur du créateur pour n'écouter que ses voix intérieures. J'imagine qu'il en va de même pour un peintre, devant sa toile, pour qui plus rien ne compte que son dialogue permanent avec lui-même et sa vision qui prend forme lentement…

Arrêt

G.C. : L'arrêt, c'est bien ce que définissait Rilke. Si je ne suis pas mû par une nécessité intérieure qui me pousse à créer, je dois m'arrêter immédiatement. Mais il y a un autre arrêt, celui de l'accomplissement de l'œuvre.

« Tout est accompli »

Le moment où l'artiste, sculpteur, peintre, compositeur, pense qu'il a tout dit, qu'il en a fini de son œuvre. « Tout est accompli » – ce sont les derniers mots du Christ sur la croix. Ce peut d'ailleurs n'être qu'un achèvement, un aboutissement tout provisoire. Même chose pour le peintre. C'est très impressionnant de voir travailler un peintre. Je vois une toile en cours, j'aime beaucoup ce qu'elle représente, et je me dis : « Voilà un beau tableau ».

Eh bien non, l'artiste continue, jusqu'à un point d'achèvement dont il est le seul maître. On a fait des films sur Picasso travaillant, ou sur Georges Mathieu. Personnellement, j'ai eu la chance de voir travailler, à Pékin (ou Beijing), chez lui-même, celui que l'on dit être l'un des plus grands peintres de calligrammes actuel, Fan Zeng. Il avait fixé au mur, une feuille de papier de deux mètres de haut et d'environ quatre-vingts centimètres de large, blanche. Lui, debout devant cette feuille vierge et la regardant, concentré, sans dire un mot. Près de lui, une petite table avec l'encre, de l'eau, des petits pots, de nombreuses brosses, des pinceaux. Aucun dessin préalable sur le papier. Et le voilà qui commence à poser un trait noir dans un coin, puis un autre, ailleurs. Et puis une sorte de tache, encore ailleurs. Tout cela du gris le plus pâle au noir le plus foncé, selon les dilutions de l'encre et les brosses choisies. Cela semblait incohérent. Et peu à peu une image s'organisait, préformée dans la tête de l'artiste et qu'il s'employait à révéler. Un vieillard, Lao-Tseu, peut-être, un enfant menant un buffle... Très impressionnant!

Au bout d'un moment, j'ai pensé qu'il en avait terminé. Pas du tout, il continuait, continuait. Jusqu'au moment où il s'est arrêté. Lui seul savait qu'il avait atteint son objectif, l'accomplissement de son idée mentale.

Créer, révéler

En 1501, la ville de Florence a demandé à Michel-Ange de sculpter un David, représenté au moment où il s'apprête à affronter Goliath, comme symbole de la puissance de la ville face à ses ennemis. Et on lui attribue un gigantesque bloc de marbre qui traîne là depuis des décennies, dont un sculpteur avait jadis tenté de tirer quelque chose sans y parvenir. Ce bloc est non seulement abandonné, mais aussi mal dégrossi. A priori, inutilisable. C'est un formidable défi lancé à Michel-Ange, à qui il va falloir faire sortir le David de ce bloc informe. Or le David se trouve dans le bloc de marbre, mais seul Michel-Ange le sait. À lui de le tirer de la gangue, en le dégageant de tout ce qu'il y a de trop. Tâche d'autant plus difficile que le bloc a déjà été entamé, maladroitement, et qu'il mesure plus de quatre mètres de hauteur. Je trouve cela bouleversant. Il y a là un mystère qu'on ne peut pas comprendre. Celui de la création, le fait de *révéler*, et de savoir précisément le moment où tout est accompli et où il faut reposer son burin et ses ciseaux, trois ou quatre ans après avoir commencé.

Passion

G.C. : Maître mot! J'ai encore envie de répondre par une citation, un aphorisme d'un moraliste du XVIIIe siècle français, Chamfort, qui dit ceci : « Les raisonnables ont duré, les passionnés ont vécu ». C'est à peu près le choix d'Achille dans *l'Iliade* d'Homère, entre une vie brève et glorieuse et une vie longue et sans éclat. Je suis convaincu que l'on ne fait rien de grand ou de bien sans passion.

A.-L.S. : Certains de nos interlocuteurs précédents évoquaient le mot *passion* en disant qu'ils étaient désolés de voir des mots si riches perdre leur sens, voire même disparaître.

Passion création

G.C. : Combien de personnes de grande qualité ont accompli une très belle carrière professionnelle dans le domaine qui leur avait été fixé dans leur jeunesse et comme aboutissement de leurs études, diriger une entreprise ou faire circuler des chemins de fer, que sais-je, avec beaucoup d'énergie et de compétence, entièrement impliquées dans cette activité, et qui se trouvent désemparées à l'âge de la retraite, ne sachant plus à quoi *s'occuper*... Il leur a sans doute manqué de cultiver une passion ou de l'éprouver. Que ce soit pour la connaissance de l'art roman ou la constitution d'une collection de papillons! Ces personnes, infiniment respectables, ont été des gens de raison et non de passion.

Le créateur, lui, est par essence l'être le plus passionné qui soit. C'est lui qui va aller chercher sur la toile blanche ou dans le bloc de marbre quelque chose que personne ne voit mais que lui, seul, entrevoit déjà mentalement, et qu'il va devoir révéler. Et que dire du romancier dont les personnages, à partir d'une situation donnée, se mettent à vivre comme indépendamment de lui? Et de la musique que le compositeur va faire sortir du silence… Cela ne peut se faire que mû par une passion chevillée au corps, ce qui peut d'ailleurs être très dur à vivre.

Doute

G.C. : Ah bien voilà. Il y a une formidable continuité! C'est ce que je disais, tout à l'heure, à propos de *Don Giovanni*, par exemple, ou de *Faust*.

Les plus grands esprits n'ont cessé de répéter que le savant véritable est quelqu'un qui doit douter, mais qui doit aussi croire à la tâche qu'il accomplit, sans connaître le scepticisme. Douter et croire sont en fin de compte à mes yeux deux manifestations d'une même position philosophique, et même métaphysique. C'est le doute qui fait avancer. La foi du charbonnier, l'évidence admise comme telle, sans contestation, sans interrogation, n'est pas créatrice de quoi que ce soit.

Croire et douter

En travaillant sur l'œuvre de Jean-Sébastien Bach, je me suis aperçu qu'il devait être un anxieux. Un grand anxieux, je l'ai déjà dit. Taraudé par une énorme angoisse existentielle. Et du même coup, que c'était quelqu'un qui doutait. Un homme profondément croyant, à l'évidence, nourri d'une culture théologique considérable. On a retrouvé l'une de ses éditions de la Bible, dans la traduction de Luther, bien sûr, en trois volumes in-folio. Au bas de la première page de chacun des trois volumes, il a apposé sa marque de propriété, *J.S. Bach 1733*. On a examiné de très près cette grande Bible, page après page, pour s'apercevoir que Bach y avait corrigé les fautes de typographie, de la première à la dernière page et parfois à l'encre rouge. S'il y a un « d », et que le caractère mobile a été placé à l'envers, cela va donner un « p », etc. Ce qui veut dire qu'il a tout lu. Il corrige, il ne peut pas admettre l'imperfection. Un commentateur de l'époque indique qu'il ne pouvait « rien supporter qui fût à moitié fait, louche, impur, incomplet, inachevé »[1].

---
[1] Carl Friedrich Cramer, *Menschliches Leben*, Kiel, 26 octobre 1793.

Et il porte des annotations dans la marge. Je me suis donc aperçu que ce grand chrétien, extraordinairement cultivé dans son domaine, était aussi quelqu'un qui doutait. La preuve, je l'ai citée tout à l'heure, à la fin du *Credo* de la *Messe en si* : « Et j'attends la résurrection des morts ». Est-ce si certain ? Je n'en suis pas sûr. Voilà qui fait avancer.

A.-L.S. : C'est l'inquiétude dont on parlait tout à l'heure...

G.C. : C'est l'inquiétude, et le doute. Cela se rejoint !

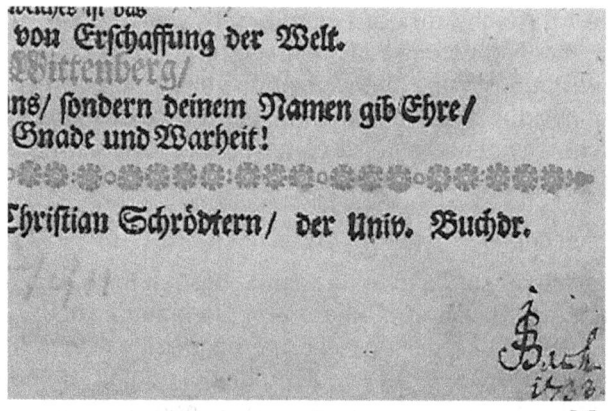

D.R.

Marque de propriété de Bach (J. S. Bach 1733) dans sa grande édition de la Bible de Luther.

D.R.

La signature de Bach, en 1729.
Joh : Sebast : Bach Direct. Musices & Cantor zu S. Thomä (Johann Sebastian Bach, Directeur de la Musique et Cantor à Saint-Thomas).

Silence

G.C. : La musique est un art du temps. C'est une façon d'organiser le temps et pas seulement l'espace sonore. Le silence marque un arrêt du temps. Une mort esthétique. Mais au milieu d'un morceau, un silence passager n'empêche pas la musique de continuer. La pulsation se poursuit, même si elle n'est pas exprimée. Il y a un mot charmant de Sacha Guitry : « Ô privilège du génie! Lorsqu'on vient d'entendre un morceau de Mozart, le silence qui lui succède est encore de lui »[1]. Oui et non... Il est vrai que des applaudissements à peine une exécution musicale achevée empêchent l'auditeur de laisser se propager en lui les résonances jusqu'à leur extinction, et plus encore, en coupent les résonances intérieures. On aimerait souvent qu'un moment de silence suive l'extinction physique de l'œuvre pour la laisser se poursuivre en nous. Ou même qu'il n'y ait pas d'applaudissements du tout. Applaudir à tout rompre après la *Passion selon saint Jean?* ou à la fin de *Tristan et Isolde?* Vraiment? Wagner avait bien interdit d'applaudir après le premier acte de *Parsifal!* Mais à l'intérieur même du discours musical, le silence joue un rôle essentiel, et pas seulement chez Webern.

Webern a construit ses œuvres en tenant le plus grand compte du silence, qui devient un élément constitutif de l'œuvre. Il ne pensait pas qu'aux notes, mais à la valeur expressive des silences à l'intérieur même d'une œuvre. Cela est vrai pour tous les grands musiciens. Je dirai même que dans une œuvre en plusieurs morceaux, comme une symphonie, le temps de silence entre deux mouvements, qui peut être très variable, en permet l'enchaînement psychologique. Le compositeur peut parfois exiger d'enchaîner directement sans la rupture d'un silence. Ainsi Beethoven, qui exige d'attaquer le finale de sa Neuvième Symphonie directement à la fin de l'*Adagio* qui précède.

---

[1] Sacha Guitry. *Toutes réflexions faites*, Paris, 1947.

Passeur

G.C. : Voici l'un des plus beaux des mots que vous me soumettez, il fait partie de mes mots fétiches. Les premières fois que je venais ici au Québec, en 1985, mes amis me disaient : « Toi, tu es un communicateur ». J'ai trouvé cela très beau, parce qu'on n'emploie guère ce mot en France. Je répondais : « Oui, c'est ma passion : être un passeur ».

Quand je dirigeais France Musique, à la belle époque, beaucoup de gens, surtout dans l'*establishment* parisien, ne cessaient de dire que l'on y parlait trop. Mais moi, j'avais ma réponse : si l'on trouve qu'on parle trop, c'est ou bien qu'on parle mal, ou bien qu'on ne veut pas entendre. Car si l'on parle intelligemment, sans pédantisme, si l'on est capable – aidé d'une passion indéniable et contagieuse pour notre objet – de captiver l'auditeur par ses propos, il ne regarde pas sa montre, sauf s'il préfère lire le journal avec de la musique en bruit de fond. C'est aussi simple que cela. La preuve : les émissions favorites de la station étaient comme par hasard celles où l'on parlait le plus – mais le mieux. Avant de faire écouter une sonate de Mozart, vous allez dire qu'elle est en *sol* majeur, qu'elle a été écrite en janvier 1764, à Paris, qu'elle porte le numéro de catalogue KV 7, qu'elle était dédiée à la princesse Victoire de France, fille de Louis XV, etc. Est-ce que cela va éveiller mon attention, me donner envie d'écouter, modifier ma façon d'entendre l'œuvre? Non, en rien! Ce ne sont que des connaissances livresques que l'on trouve partout et que le producteur de l'émission débite pour dire quelque chose, comme par peur du vide, du silence. Certes, celui qui parle doit connaître toutes ces informations et bien d'autres, mais ce n'est pas ainsi qu'il faut les exprimer. Dites plutôt : « Rendez-vous compte, la sonate que nous allons écouter, Mozart l'a écrite alors qu'il n'avait pas encore huit ans! ». Et maintenant, j'ai envie d'écouter, j'en ai la curiosité. C'est aussi simple que cela. Mais le numéro de catalogue Koechel, de BWV ou d'opus n'a d'intérêt que pour les musicologues (et encore!), non pour les auditeurs. J'essaie d'attiser la curiosité de l'auditeur. Je vais vous léguer une phrase que j'ai trouvée il n'y a pas très longtemps dans les *Essais* de Montaigne : « Je n'enseigne point, je raconte »[1]. Pour moi, tout est dit, là. Le médiateur doit être un conteur, un narrateur. Il y a dans cette activité de « discoureur de musique » une idée de partage, de communication. Un échange. C'est-à-dire que l'on reçoit au moins autant que l'on a donné. C'est un partage, je le vis comme tel. On doit vivre ensemble des instants privilégiés. J'ai un peu contribué, apporté ma modeste part, à ouvrir la curiosité. Je tente d'éveiller la curiosité, je fais en sorte que nos oreilles et nos cœurs soient ouverts.

Passeur passionné. Et passion passeur. Parce que, je vais vous faire une confidence : j'ai eu une enfance un peu difficile. Je n'ai pas pu aller à l'université. Je suis en grande partie autodidacte. Dans mon dernier cours à la Sorbonne, j'ai dit à mes étudiants : « C'est très bien de faire des études. Faites-en le plus possible. Apprenez le plus possible pour vous assurer la meilleure base de départ et les meilleurs outils de pensée dans votre vie professionnelle. Mais vous vous apercevrez dans la vie qu'au fond, nous sommes tous des autodidactes. Parce que l'essentiel de ce qui fait notre personnalité, notre être, qui dirige nos actions, c'est ce qu'on a appris par expérience personnelle. On n'apprend pas la vie sur les bancs des amphithéâtres ». Depuis, j'ai découvert cette phrase dans le livre d'entretiens avec Pierre Boulez que je citais précédemment. Boulez dit « Il faut apprendre (aux étudiants) à être autodidactes ». Eh oui! même si cela les étonne... Un peu, peut-être comme les autodidactes, j'ai cherché à mettre en ordre, avec opiniâtreté, ce que j'apprenais, ce que je découvrais. À me donner une vision cohérente. Mais cela ne suffit encore pas : il faut transmettre. Et lorsque l'on a mis sa pensée en ordre, une fois assurée sa

---

[1] Michel de Montaigne, *Essais*, Livre III, chapitre 2, 1595.

cohérence, il est moins difficile de transmettre. J'aime particulièrement cette définition de Paul Valéry : « J'estime philosophe tout homme, de quelque degré de culture qu'il soit, qui essaye de temps à autre de se donner une vision d'ensemble, une vision ordonnée de tout ce qu'il sait, et surtout de ce qu'il sait par expérience directe, intérieure et extérieure »[2].

---

[2] Lefèvre, F., *Entretiens avec Paul Valéry,* Paris : Emile Chamontin, 1926.

Lutte

G.C. : Le sculpteur lutte contre la matière, Michel-Ange lutte contre le marbre, cet énorme bloc de marbre qu'il a mis des mois à choisir à Carrare, quand il s'efforce d'en dégager pour le tombeau du pape Jules II le Moïse qui s'y trouve enfermé et que lui seul connaît. Il parvient à une perfection absolue, comme dans la *Pietá* de ses vingt-cinq ans. Ce Moïse est vivant, les veines et les artères font saillie sous la peau dans les membres, et l'expression du visage est prodigieuse, de celui à qui Dieu s'est montré sur le Sinaï et a parlé. À tel point que la légende rapporte qu'au moment où il lui paraissait avoir achevé, Michel-Ange aurait jeté son maillet en disant à sa statue : « Et maintenant, parle! ». Il y a aussi, pour l'exécutant musicien, une lutte de tous les instants avec son instrument, pour parvenir à faire entendre sa conception intérieure. Lutte technique parfois gigantesque. Je pense à la *Chaconne pour violon seul* de Bach, dont on a pu dire qu'elle était une image de la lutte de l'esprit contre la matière[1].

A.-L.S. : Avec l'instrument, avec ses possibilités corporelles...

G.C. : Oui, je songe au créateur, au compositeur, qui écrit directement sur le papier, sans passer par le piano – et du reste, en bien des cas, comment rendre exactement l'effet orchestral désiré sur un simple piano? Quand ce compositeur va entendre son œuvre, il va la découvrir en vraie grandeur, elle va se révéler à lui. Et dans le système très incomplet de la notation musicale, de sténographie très imparfaite de sa pensée, peut-être va-t-il s'apercevoir qu'à tel endroit, cela

---

[1] Philipp Spitta, *Johann Sebastian Bach*, vol.1, Breitkopf & Härtel, Leipzig, 1873.

ne sonne pas tout à fait comme il l'avait pensé. Il va alors demander une retouche, que l'instrumentiste va noter sur sa partition, mais que peut-être le compositeur, puisqu'il a sa musique en tête, ne va pas noter. C'est une des raisons pour lesquelles il est important de posséder les parties séparées de chaque instrument, ce que l'on nomme le « matériel » d'orchestre. Cela a été le cas de Debussy, par exemple, durant les répétitions de *Pelléas et Mélisande*, de même que c'est le cas des cantates de Bach, dont tout le matériel a été numérisé et se trouve disponible via Internet. Alors, quelle partition utiliser? Les problèmes commencent! Cela, c'est la lutte, avec la matière sonore.

Durée

G.C. : Pour ce qui est d'un compositeur à qui on commande une œuvre, la durée a une grande importance. Si on lui dit : « Voulez-vous m'écrire un concerto pour trombone et orchestre à cordes, d'une durée de douze à quatorze minutes », c'est une contrainte de durée d'exécution. Une forme de la durée qui n'est d'ailleurs pas la plus intéressante.

La durée, tempo de la création

Il y a surtout la durée de composition d'une œuvre. La *Tétralogie* a pris trente-cinq ans à Richard Wagner. En ce sens, la durée est le tempo de la création. D'après le journal de Cosima, sa femme, il commençait à travailler très tôt le matin et quand, arrivé à l'heure du repas, il avait orchestré une page dans sa matinée, il trouvait qu'il avait bien travaillé. Dans le domaine du roman, François Mauriac dit la même chose : comme beaucoup d'écrivains, il travaillait de six heures du matin jusqu'à midi, et s'il avait écrit une page qui le satisfasse, c'était une bonne journée. En 1955, le compositeur français Jean Barraqué s'attelle à une œuvre colossale, *La Mort de Virgile*, d'après le roman de Hermann Broch, œuvre qu'il laissera inachevée à sa mort dix-huit ans plus tard, en 1973. Voilà pour la durée. À l'inverse, un auteur comme Pierre-Jean Rémy pouvait écrire des centaines de pages de roman en une année. Mais Marcel Proust a travaillé pendant dix-sept ans sur la *Recherche du temps perdu*, sans d'ailleurs en avoir pu en achever la mise au point.

A.-L.S. : La musique se fait-elle rattraper par l'accélération ? L'injonction contemporaine à l'accélération[1] ?

---

[47] Nous pensons ici à la critique sociale du temps et au phénomène de l'accélération analysé par le philosophe Hartmut Rosa.

G.C. : Sur la question de la vitesse, je me sens en conflit avec beaucoup de jeunes artistes. Ils ont un talent formidable, une technique infaillible. On n'a peut-être jamais aussi bien joué, techniquement. De plus, ils vivent dans une époque de la vitesse, où la vitesse la plus grande à laquelle un homme puisse être transporté est celle d'une fusée stratosphérique, alors qu'il y a deux cents ans, c'était celle d'un cheval au galop. Ces jeunes peuvent jouer très vite, ou pour paraphraser Lucky Luke, plus vite que leur instrument. Ils se grisent de leur technique et je les comprends. Mais ce n'est pas parce qu'on peut le faire qu'il faut le faire. Je m'explique. De nombreux musiciens ont souhaité que telle ou telle de leurs œuvres soit jouée très rapidement. Ils ont écrit *prestissimo*, très vite, ou *stürmisch bewegt*, tempétueux. Que voulait dire pour eux cette indication ? Et puis, à vouloir jouer très vite, on finit par ne plus être compréhensible. La musique est un discours, avec son langage propre, elle raconte quelque chose, elle a à transmettre. Trop vite, on ne comprend plus ce que l'on dit. Peut-être en raison de mon âge, ai-je du mal à suivre. Or j'aimerais bien tout comprendre de ce que me raconte la musique que j'entends, et la savourer dans sa plénitude. Il suffit d'en faire autant avec la parole verbale : on atteint rapidement un seuil d'audibilité ou de compréhension. En fait, la sensation de vitesse, de vitalité, n'est pas une question de chronomètre, en voulant battre des records. C'est une affaire d'articulation, de respiration, d'accentuation, tout ce que l'on ne peut pas faire si l'on joue trop vite. Deux interprètes peuvent jouer exactement à la même vitesse, montre en main, alors que l'un donnera une impression presque paisible et l'autre une sensation d'urgence. J'en ai fait maintes fois l'expérience.

Écoutez la très célèbre *Badinerie*[2] qui conclut la deuxième Suite de Bach, en *si* mineur. Aujourd'hui, pour les flûtistes, c'est une prouesse, une compétition sportive. On les y attend. Plus vite ils la jouent, et plus nourris seront les applaudissements. Comme le disait Arthur Rubinstein, de qui je tiens

---

[2] Pour illustration sonore : Johann Sebastian Bach, *Suite en si mineur* BWV 1067, Badinerie, https://youtu.be/tH6gVjs2HO8 *(cf. code QR)*

l'expression, « *même les paralysés applaudissent* » tant ils sont enthousiastes. C'est très rapide, mais malheureusement, il n'y a plus de vie. Brillant, oui. De la vitesse, oui, mais plus de vie. C'est différent! La sensation de vitalité n'est pas liée à la vitesse, elle est liée, je le répète, à l'articulation, c'est-à-dire au phrasé, aux respirations à la place des accents forts, des accents faibles, etc. De même, avec l'allegro final du sixième *Concerto brandebourgeois*[3]. Ce n'est pas une compétition de vitesse, c'est une danse paysanne en sabots. Eh bien, dansez, maintenant!

D.R.

Un joueur de flûte traversière au début du XVIIIe siècle (gravure de Filippo Bonnani, 1716).

---

[3] Pour illustration sonore : Johann Sebastian Bach, Concerto « brandebourgeois » n° 6, 3e mouvement. https://youtu.be/KR05s7-mD5U *(cf. code QR)*

Regardons l'autographe de Bach, j'y reviens. Il y a de l'autorité dans son graphisme, mais il ne se bouscule pas. On voit sa main écraser le papier de sa plume, et qui prend un plaisir gourmand à écrire, à lier les notes de belles courbes.

À le lire, on sent une sensualité extraordinaire, comme s'il chantait mentalement ce qu'il écrit, et en même temps tout est ordonné parfaitement, ce qui me fait prendre Bach pour un « intellectuel voluptueux »...

D.R.

Cantate « Wär' Gott nicht mit uns diese Zeit » (BWV 14).
La partie de basse continue, de la main de Bach. (1735)

**Deuxième temps :
Les tensions créatrices**

Anne-Laure Saives : Gilles, ce qui nous a frappées à la relecture de notre première entrevue, c'est que dans la créativité à l'œuvre, il y a des concepts un peu paradoxaux, des états qui sont ago-antagonistes. C'est-à-dire qu'ils semblent à la fois se renforcer et/ou au contraire se contredire.

Gilles Cantagrel : Oui, comme tout dans la vie.

A.-L.S. : Alors je vais vous demander de nous dire, selon vous, à partir des mots clés que nous avons explorés ensemble la dernière fois (les cartes), quels sont les duos que vous constitueriez et qui, pour vous, sont des paradoxes fondamentaux ou tensions implicites dans la créativité à l'œuvre?

G.C. : Je ne sens pas d'antagonisme *a priori*. Parce que la *rigueur* amène à un travail bien fait, mais, avant, il y a la *curiosité* et pour cela, il faut du *talent* et même de l'*impatience*. La *transmission*, c'est être le passeur donc cela, ça vient après et, en fait, cela permet d'*éduquer*. Quant à la *passion*, à mon avis, elle est partout!

A.-L.S. : Alors je vais vous dire, pour ma part, les dyades que j'ai pu relever et vous allez y réagir, d'accord?

Rigueur/Imagination

A.-L.S. : Vous nous avez dit : « La rigueur ne va pas sans l'imagination et l'imagination ne va pas sans la rigueur. »

G.C. : Oui, c'est absolument essentiel. Ce sont les deux faces d'un même acte créateur. On ne peut pas créer si l'on n'a pas d'idées, pas d'imagination, si l'on n'a pas un projet, une vision intérieure. Je trouve qu'il y a des peintres qui sont des visionnaires. Ce que j'aime dans la peinture, c'est d'y partager une vision. J'aime ou je n'aime pas, mais prenons l'exemple de Cézanne, il a une vision du monde, c'est évident. Ou un moins connu, comme Giorgio Morandi, qui paraît peindre le silence. Même chez de plus récents, Bernard Buffet qui a aussi été tellement décrié, il a une vision, qui se traduit par ce que l'on nomme une « manière »! Je reconnais tout de suite un tableau de Bernard Buffet. De même pour Georges Mathieu. Et que dire de Picasso! Et je pourrais aussi parler de Piero della Francesca ou de Rubens... Mais pour arriver au stade de la création, donc mettre en route la créativité, il faut évidemment toutes ces idées de départ. C'est cela que j'appelle la vision.

Ensuite, il faut l'organiser, et l'organiser avec rigueur. Pour moi, la rigueur, ce n'est pas quelque chose de sec, d'abstrait. C'est la façon, le mode opératoire de fabriquer une œuvre, cohérente, qui rende compte de cette vision, qui l'exalte, mais ce n'est pas quelque chose de l'extérieur que je vais plaquer. Les deux vont ensemble. Par exemple, le prélude et la fugue. Avant Bach, un prélude s'enchaînait avec des épisodes fugués, puis on revenait à la fantaisie du prélude. Bach, lui, associe deux pièces autonomes, une fugue à un prélude. Or qu'est-ce qu'un prélude? C'est ce qu'on joue avant. Donc, libre cours à l'imagination totale. Je me mets au clavier et puis ce sont les doigts qui travaillent... Mais il ne peut y avoir d'œuvre à proprement parler que si j'organise cela. Si je fais répéter un motif, que sais-je, le transforme, le déplace, le module, etc. Le primat de l'imagination est là, mais il ne peut pas y avoir d'œuvre s'il n'y a pas cette rigueur d'organisation qui structure tout cela. Sinon, ce n'est rien, ce sont les doigts qui errent à l'aventure sur le clavier, même s'il y passe quelques belles idées. La fugue, c'est exactement le contraire. Antagonisme total. C'est-à-dire que la fugue répond à des critères d'organisation extrêmement rigoureux. Il faut d'abord un motif, il faut que ce motif tienne dans un certain ordre, etc. Ensuite, une deuxième partie va reprendre ce motif, transposé au-dessus ou en dessous avec éventuellement des petites transformations, qu'on appelle des mutations, et ce qui a démarré va l'escorter en faisant un contre-motif, ce qu'on appelle un contre-sujet, et ainsi de suite avec trois parties, quatre parties, cinq, jusqu'à six. Il y a donc une organisation structurée, extrêmement ferme, même s'il n'y a pas de loi générale. Certes, il y a des principes dans le discours, mais ce serait un objet sec et mort s'il n'y avait pas d'imagination et si le compositeur prenait une grille et puis mettait des notes dans la grille. C'est-à-dire que ce ne serait pas une œuvre : il n'y a pas là de création. Et d'ailleurs, les grands compositeurs, Bach en particulier, n'ont jamais composé deux fugues qui se ressemblent. Les principes sont toujours les mêmes. Et tout d'un coup, il va introduire une petite chose nouvelle. Donc, le prélude, c'est la rigueur qui donne une forme à l'imaginaire, et la fugue c'est le contraire.

A.-L.S. : J'ai l'impression que vous évoquez aussi à travers l'imagination l'improvisation et ce n'est pas la même chose.

G.C. : L'improvisation, c'est une façon apparemment libre de laisser courir ses doigts sur un clavier. Cela, je peux le faire, c'est-à-dire faire n'importe quoi, mais ce n'est rien. Une improvisation, cela se construit. D'ailleurs, toute improvisation bien organisée se prépare. Même si je ne connais pas le thème, j'envisage comment, selon le thème qui me sera donné, je vais pouvoir organiser un discours. C'est exactement comme dans le langage parlé. D'ailleurs, à l'époque baroque, tous les théoriciens de la musique, et ils sont très nombreux, assimilent le langage musical au langage parlé. Le plus grand théoricien de l'époque de Bach, Johann Mattheson, parle de *Klangrede,* c'est-à-dire de discours dans les sons, de discours musical. Nikolaus Harnoncourt a publié un recueil d'articles sur la musique qu'il avait écrits, formant un tout cohérent, qu'à son tour il a appelé *Le Discours musical.* Pour ma part, dans l'article que j'ai écrit pour l'*Histoire des émotions* que j'ai déjà évoquée, je donne de nombreuses citations du XVIIe et du XVIIIe siècles, précisément, où les théoriciens soutiennent qu'il n'y a pas de différence entre le discours musical et le discours verbal. Ce qui diffère, c'est que, dans un cas, il y a des mots qui par eux-mêmes véhiculent du sens, dans l'autre, ce sont des sons. Mais cela s'organise de la même façon rhétorique, avec des figures, des périodes, des phrases, des demi-périodes, etc. Et il y a même tout un arsenal de figures symboliques, ce que l'on nomme le figuralisme. Par exemple, des croches liées par deux en mouvement descendant pour évoquer les soupirs : on appelle cette figure *Seufzermotiv*, motif de soupirs. La musique tient un discours non verbal. Et l'improvisation doit tenir un discours.

Improvisation et préparation

Si j'arrive devant des étudiants qui me disent : « Pouvez-vous nous parler de…? », sans préparation, je vais devoir improviser sur un thème donné, comme un organiste. C'est-à-dire imaginer très rapidement comment partir d'un point A et mener mon propos jusqu'au point B que je me fixe à l'avance. C'est-à-dire de la question posée à la réponse que je souhaite lui apporter. En me permettant quelques petits diverticules, d'emprunter quelques chemins de traverse – là, c'est l'art de l'orateur qui doit jouer –, mais en ramenant mes auditeurs dans le droit chemin, c'est-à-dire en poursuivant ma ligne directrice. Il ne peut s'agir que d'un discours organisé, jusqu'à la chute finale. L'improvisation requiert donc une mise en forme que j'appelle du terme un peu générique de rigueur.

A.-L.S. : Mais l'imagination ne renvoie pas à la même chose. De quoi sont faits l'imagination et l'imaginaire d'un musicien comme Bach? Est-ce qu'on sait de quoi se nourrit cette capacité à sortir des mélodies nouvelles, inhabituelles?

L'imagination, au pronaos de la création

G.C. : Il y avait une carte *mystère*, je ne l'ai pas tirée (!), mais c'est bien évident : dès qu'on aborde le monde de la création, on se heurte à un mystère. J'emploie souvent l'image suivante : j'arrive près d'un temple et au *pronaos*, le προνάος, c'est-à-dire dans le vestibule qui précède le temple, avant le temple proprement dit, le *naos*, je ne suis pas admis à entrer. Il y a là un mystère. Un mystère qui se déroule, qui est le mystère de la création. On publie beaucoup de revues, d'articles musicologiques extrêmement sérieux d'analyse musicale. Je pense aux éminents travaux de mon ami Nattiez, par exemple, spécialiste de sémiologie musicale. C'est très intelligent, magnifique. Mais une fois qu'on a décrit une œuvre, sous toutes les coutures, qu'on a expliqué qu'il y a le formant A qui est le miroir du formant B, etc., on n'a encore rien dit de ce mystère de la création qui demeure inaccessible.

A.-L.S. : Bach lui-même n'a pas du tout écrit sur sa façon de travailler?

G.C. : Rien, pas un mot. Il aurait seulement dit, selon ce que rapporte un témoin, que quiconque aurait travaillé autant que lui serait parvenu au même résultat. Ce qui ne nous mène à rien. Mais je comprends bien le désir qu'ont pu éprouver tous ceux qui l'ont approché, et après. En France, à la même époque, le grand Jean-Philippe Rameau a écrit de nombreux traités, admirables, qui le font aujourd'hui considérer comme un Pythagore des temps modernes. En Allemagne, également, les traités pullulent. Mais de Bach, rien. Un de ses anciens élèves, qu'il affectionnait beaucoup, Johann Philipp Kirnberger, déclare quelque trente ans après la mort de son maître : « Il faut regretter que ce grand homme n'ait jamais écrit quelque théorie de la musique et que ses préceptes ne soient parvenus à la postérité que par le canal de ses élèves. »[1] Mais si, en fait, il nous en propose, des traités! Ce que l'excellent Kirnberger ne semble pas avoir compris : ce sont ses œuvres musicales qui sont aussi ses traités! Les *Inventions* à deux voix et les *Sinfonie* à trois voix, trente petites pièces toutes différentes pour le clavier, constituent déjà un véritable traité du contrepoint[2]. Le *Clavier bien tempéré* est un traité de la fugue, un art de la fugue. Le *Petit Livre d'orgue*, ou *Orgelbüchlein*, un traité du choral. Il suffit de savoir lire. Je veux dire que la lecture, ce n'est pas seulement avec les yeux ou les oreilles. C'est comprendre ce qu'on est en train de me raconter. Lire une partition, avant même de la jouer, c'est observer comme les idées s'enchaînent, se développent, et selon quelles règles.

D'ailleurs, Bach lui-même l'a dit dans la préface de ce *Petit Livre d'orgue* qu'il avait entrepris dans sa jeunesse. Il avait une trentaine d'années, mais était déjà animé par une inextinguible veine didactique. Il avait prévu cent soixante-cinq préludes de chorals. Ce qu'on appelle le prélude de choral, c'est l'introduction que l'on joue à l'orgue avant que l'assemblée ne chante le cantique pour lui rappeler la mélodie du cantique et pour lui donner le ton. En fait, Bach, comme les compositeurs de son temps, mais avec quel génie, en profite pour commenter musicalement la mélodie, mettre en état de compréhension pour écouter cette liturgie sonore. Il n'a écrit que quarante-cinq de ces préludes. Mais dans la page de titre de son recueil, il indique : « Petit Livre d'orgue, dans lequel l'organiste débutant est initié à toutes les manières d'exécuter un choral, et aussi à l'étude de la pédale, du fait que, dans les chorals qui s'y trouvent, la partie de pédale est entièrement obligée. Pour la seule gloire du Très-Haut, pour l'instruction du prochain »[3]. Initiation du débutant, instruction

---

[1] Johann Philipp Kirnberger, in *Gedanken über die verschiedenen Lehrarten in der Komposition*, Berlin, 1782.
[2] Pour illustration sonore : Johann Sebastian Bach, *15 inventions à deux voix et 15 Sinfonies à trois voix*. https://youtu.be/LKeu2_ndun4 *(cf. code QR)* et https://youtu.be/7zgN71SDJvE *(cf. code QR)*
[3] Johann Sebastian Bach, page de titre de l'*Orgelbüchlein*, Weimar, *ca* 1714.

du prochain. Le compositeur expose une méthode, méthode merveilleuse en petits poèmes sonores extrêmement raffinés et subtils – tous différents, bien sûr.

Pas besoin de grands discours, mais des exemples concis. Quand j'ai étudié l'harmonie, je l'ai fait dans le fameux traité de Théodore Dubois qui faisait frémir tout le monde. Moi, cela m'a beaucoup plu, mais il est vrai que c'est complètement sec ! Chapitre deux, premièrement, les accords de trois sons, il faut a, b, c... On peut les renverser, la note du haut peut passer en bas, etc. On nous explique tout cela, mais c'est d'une aridité saharienne. Bach, lui, enseigne par l'exemple. La pédagogie est au centre de son activité musicale. Il va plus loin même que la simple pédagogie, il écrit pour ses fils, pour ses élèves, pour ceux qui veulent bien écouter. Comme le dit Couperin : « Pour ceux qui ont le goût exquis »[4]. Exactement comme Stendhal achevant *la Chartreuse de Parme* par ces mots, en anglais : *To the happy few*. Cela revient à peu près au même. Quand Couperin dit cela, c'est aux gens qui ont un sentiment artistique qu'il s'adresse, pas aux professionnels, mais à ceux qui comprennent le sérieux de la musique et qui veulent aller au fond des choses, comprendre le discours musical du compositeur.

A.-L.S. : Entrer en dialogue.

G.C. : Bach enseigne, il enseigne tout le temps. Et je pense qu'il y a là quelque chose de psychologique. Je n'y connais rien, mais quand je vois que cet homme a perdu sa mère et son père en six mois de temps, l'un après l'autre, sous ses yeux, avant l'âge de dix ans, il s'est trouvé complètement déraciné, parce que l'enseignement, surtout chez les luthériens de ce temps, passait beaucoup par les parents. La mère, qui apprenait les bases de la religion, apprenait à lire, à compter, apprenait la vie et à ce titre, elle a été glorifiée par Luther. La *Hausmutter* luthérienne, ce n'est pas du tout la mère au foyer. Ou alors, dans le sens le plus noble du terme, l'âme de la maison. Et l'enseignement de la musique, la transmission

---

[4] François Couperin, *L'Art de toucher le clavecin*, Paris, 1717.

de la science musicale passait par le père. Et ce monde-là s'effondre très jeune pour Bach. Il va donc être constamment à la recherche de ce qui lui manque, il va vouloir apprendre. Il manifestera toute sa vie une boulimie de connaissances, une curiosité au-delà de tout ce qu'on peut imaginer. Pour écouter tous les gens de talent qu'il peut rencontrer ou entendre. Les partitions ne circulent pas beaucoup et il n'y avait pas Internet, mais il se fait prêter des partitions, il recopie des œuvres pour tout assimiler. Il avait acquis ainsi une connaissance énorme de toutes les musiques de son temps, des différents pays et du passé, bien entendu. Et j'ai l'impression que cette activité mentale, qu'il a mise en œuvre pour lui, il en a fait un outil pédagogique.

A.-L.S. : Et nourrit sans doute, donc, son imagination.

G.C. : C'est le désarroi de l'orphelin qui a été obligé de tout apprendre par lui-même. Parce que lorsque l'on dit de quelqu'un que « c'est un *self-made-man*, un autodidacte », c'est souvent péjoratif et parfois à juste titre. Il s'agit alors de quelqu'un qui a accumulé des connaissances, sans les avoir ordonnées, quelqu'un qui n'est pas structuré mentalement. Alors que Bach, au contraire, a essayé de tout comprendre et de tout structurer. Et de transmettre après.

À devoir se former seul, travaillant sans relâche, Bach manifestera à la tâche une extraordinaire boulimie de connaissance. Rencontrer les musiciens, copier les partitions, lire les traités. L'orphelin démuni ne peut prétendre à l'Université, il lui faut assurer sa subsistance. Dès l'âge de 18 ans, il est nommé, sans concours, organiste à Arnstadt. Entré dans la vie active, jamais il ne cessera d'étudier, d'enrichir ses connaissances. Le voyage à pied (!) jusqu'à Lübeck, quatre cents kilomètres, pour y recevoir l'enseignement de Buxtehude, les copies des maîtres organistes français, les transcriptions de concertos italiens en sont les plus fameux exemples, parmi bien d'autres. Et chez lui, cette pulsion explicative paraît s'ancrer dans un fonds psychique qui lui est propre. À enseigner, il met le zèle du prosélyte, l'ardeur quasi maladive de l'orphelin brûlant de l'ardent désir de transmettre ce qu'il a mis tant d'application, d'acharnement à acquérir par lui-même, tout ce qu'il a fallu dominer, ordonner, au prix d'un puissant effort de synthèse. « Ce que j'ai atteint moi-même, un autre y parviendra aussi »[5], dit-il.

Quant à l'imaginaire qui le nourrit? J'en appelle à une image d'ordre allégorique, celle de l'eau courante, selon le sens usuel du nom même de la famille, Bach. Tout au long de sa vie, Johann Sebastian montre en effet combien il tient au signe de cette eau dont le nom ne cesse de l'accompagner. Il le sait bien. On en plaisante, même. Ainsi, les condisciples de Johann Ludwig Krebs, qu'ils reconnaissaient pour l'un des meilleurs élèves du fameux compositeur : « On n'a attrapé dans cette grande Rivière [*Bach*] qu'une seule Écrevisse [*Krebs*] »[6]. Rivière il est, et le dit. De cette fluidité des eaux courantes qu'il aimera tant évoquer, il fera une de ses signatures sonores, omniprésente, celle-là, qui s'inscrit si bien dans la plastique de l'art baroque. Toute son œuvre se trouve ainsi parcourue de ces mouvements des eaux, bruissantes de réguliers clapotis, de vaguelettes murmurantes et de houles mugissantes, images sonores qu'appellent les textes des cantates et s'en vont irriguer même sa musique instrumentale. Le figuralisme sonore du mouvement de l'eau est devenu métaphore du temps qui s'écoule.

Ce signe de l'eau courante, c'est aussi celui de son voyage intérieur, de son imaginaire. Contrairement à ses deux célèbres contemporains, Haendel et Scarlatti, grands voyageurs, Bach manifeste au long de sa vie un tropisme thuringien, ou saxon, qui le pousse à s'ancrer dans la terre de ses aïeux. Il connaît de l'intérieur cette simplicité fondamentale, cette satisfaction paisible de son sort, elle aussi si typiquement allemande, une *Gemütlichkeit*. Intérieur, son voyage sera celui des grandes aventures de l'esprit.

Ainsi, une image forte aussi, celle du moulin du premier ancêtre, Veit Bach, « un boulanger originaire de Hongrie » qui, nous dit son descendant, avait dû fuir son pays en raison des

---

[5] J. Mattheson, *Der Vollkommene Capellmeister*, Hambourg, 1739, p. 144.
[6] *in* J. L. Krebs, *lettre au Conseil de Naumburg*, 25 août 1733.

conflits religieux qui y faisaient alors rage. Dès le premier paragraphe d'un texte unique[7], J.S. Bach, qui ignore quasiment tout de son aïeul, fantasme sur la polyphonie du cistre et de la meule, des mélodies de Veit chantant et s'accompagnant en pinçant les cordes de son petit instrument – une sorte de petite mandoline à fond plat –, mêlées au tic-tac régulier, au mouvement des rouages du moulin et à la profonde rumeur de l'eau : « les deux instruments devaient ensemble sonner joliment! ». Loi de toute musique, cet écoulement imperturbable du temps que la mécanique du moulin marque de sa battue, pulsation primordiale.

Cette image du moulin et de la rivière est forte, dans l'iconographie, la poésie et la musique, et puissamment ancrée dans la tradition germanique. Évocatrice d'une Allemagne de légende, celle tout particulièrement, au cœur du pays, de ces terres montueuses de Thuringe, aux rares petits villages blottis autour de l'église paroissiale. Dans le sol, le fer, le sel, le charbon, les mines gardiennes des forces telluriques, le royaume de l'obscur. Pays couvert de forêts drues et denses, que nulle côte ne vient ouvrir sur le monde extérieur de l'univers maritime.

Tout y prédispose à la méditation, à l'intériorisation, à l'introspection. Le climat est rude et franc, mais la lumière y a des reflets d'une exquise douceur. Et il y fait bon vivre, en ce foyer archétypique de la poésie, des arts et de la pensée, qu'est l'Allemagne.

---

[7] J.S.Bach, *Ursprung der musicalisch-Bachischen Familie*, Leipzig, fin 1735.

Perfection/Imperfection

A.-L.S. : Autre duo. […] Vous avez insisté sur cette dualité entre la divine perfection et l'humaine imperfection. Un des mots qui revenait souvent dans votre discours, contrairement à la *beauté*, c'était la *perfection*.

G.C. : Oui, je crois d'ailleurs que cela fait partie de l'idéal artistique de cette époque. Je ne pense pas que Beethoven cherche la perfection, même s'il y atteint, mais ce n'est pas un objectif. Pour Bach, ça l'est, parce que Dieu étant parfait, selon lui, sa tâche sur cette Terre est de tendre vers cette perfection pour la transmettre aux autres. Je pense qu'il y a de cela, je me trompe peut-être.

A.-L.S. : Mais ce n'est plus le cas chez Beethoven. Qu'est-ce qui a changé pour que ce ne soit plus le cas ?

G.C. : Non, Beethoven, lui, tient un discours ô combien à l'humanité tout entière. Il s'identifie à Prométhée. D'ailleurs, il est curieux d'observer que, dans sa jeunesse, il a écrit un ballet qui s'appelle *Les Créatures de Prométhée*[1], dont il reprendra un motif dans le finale de la Symphonie *Eroïca*. Comme Prométhée chez Eschyle, Beethoven est celui qui est allé voler le feu aux dieux pour l'apporter aux hommes, en être le Πυρφόρος, le *Pyrphoros*, celui qui porte le feu aux hommes. Et donc apporter le progrès, selon le mythe antique. Il parle à l'humanité, et quand il chante sur le poème de Schiller, dans l'*Ode à la joie* de la *Neuvième Symphonie* – c'est son dernier

---
[1] Pour illustration sonore : Ludwig van Beethoven, Ballet *Les Créatures de Prométhée*. https://youtu.be/PuzRbxU1X1Q *(cf. code QR)*

mot – : « Unissez-vous, millions d'êtres humains, en un seul baiser. Embrassez-vous, l'univers entier », c'est cette espèce d'idéal que manifestent de nombreux mouvements de marches vers un progrès. Il nous tient là un autre discours que celui de Bach. Ce n'est pas une recherche de la perfection. Ce que Bach nous dit dans ses cantates, et j'en ai traduit tous les textes, c'est que par la mort à la vie terrestre, nous allons nous approcher de la vie éternelle, de la lumière éblouissante de notre Créateur, en dehors du temps.

Une nouvelle image de l'Homme

Chez Beethoven, c'est complètement autre chose. La divine perfection, chez Bach, c'est encore celle que les artistes de la Renaissance – à la fin de la Renaissance –, avaient recherchée. Léonard de Vinci, dans le fameux dessin de *L'Homme de Vitruve*, par exemple (*cf.* page suivante), avec cette image de l'homme que l'on peut inscrire dans un cercle. Le cercle, c'est l'image parfaite, l'image de la perfection, et l'homme s'inscrit dedans. On est toujours dans cette recherche de la perfection, cet idéal. Même la musique, la grande polyphonie de la fin de la Renaissance comme celle de Palestrina, montre la recherche de la perfection, d'un idéal sonore. Et c'est ce qui a provoqué une crise terrible dans l'histoire de la musique autour de 1600, avec les premiers madrigaux de Monteverdi qui utilisent des poèmes où c'est l'être humain qui passe au premier plan, avec ses souffrances et ses aspirations, sa douleur et une expression intense, unique, tandis qu'auparavant on parle, on chante à plusieurs voix le même thème. Tout cela était inconcevable dix ou vingt ans plus tôt. Autour de 1600-1605, le bon vieux chanoine Artusi, dont j'ai déjà parlé, en a légitimement été bouleversé, d'où son pamphlet contre cette nouvelle musique qui selon lui serait dissonante, horrible : ce n'est pas cela, la musique, il n'y a là aucune perfection. La musique sert à louer Dieu et à nous représenter un tant soit peu une image de la divinité et de la divine perfection. On retrouve cela dans tous les domaines. Je vous ai déjà parlé de Tycho Brahe et de Kepler...

A.-L.S. : … vous parliez tout à l'heure de la réforme luthérienne […] cette réforme-là, elle précède la réforme scientifique dont vous êtes en train de parler.

G.C. : Un petit peu, oui.

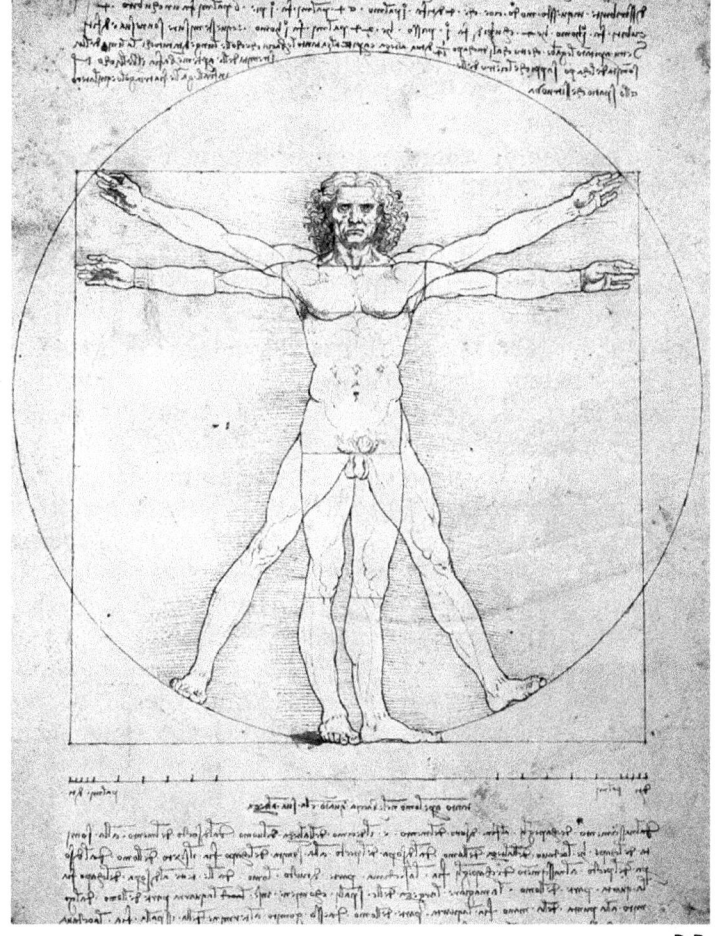

D.R.

L'Homme de Vitruve, dessin de Léonard de Vinci (vers 1490).

A.-L.S. : est-ce que vous pourriez nous énoncer les grandes idées de votre conférence de demain[2] ou nous en livrer un *scoop* pour bien comprendre en quoi la réforme luthérienne constitue la matrice et la toile de fond des transformations des visions du monde que vous nous avez expliquées?

De l'infaillibilité à la faillibilité

G.C. : La réforme luthérienne part d'abord d'un événement simple, provoqué par le scandale de la vente des indulgences. Le 31 octobre 1517, Luther, moine augustin, érudit et fort pieux, disciple de saint Augustin, va se rebeller. Il est chapelain au château de Wittenberg et sur la porte de la chapelle du château, – c'est très précis –, il placarde un petit texte qui présente quatre-vingt-quinze « thèses ». Ce texte remet en cause tout ce sur quoi fonctionnait la religion, notamment l'autorité pontificale. Qu'est-ce que cela signifie? Un bouleversement total dans les modes de pensée. Un grand siècle plus tard, en 1630, le pape Urbain VIII, qui était pourtant un ami et contemporain de Galilée, va l'obliger à abjurer, en quelque sorte, ses idées sur le mouvement des planètes et la rotation de la Terre, le pape étant présumé « infaillible » même en matière scientifique. Le dogme de l'infaillibilité pontificale ne sera défini qu'au XIXe siècle, en 1870, mais c'est déjà en marche. Et Luther, lui, estime que le pape n'a aucune autorité. Et d'ailleurs, rappelle-t-il, ce ne sont pas les œuvres qui sauvent l'homme, c'est la foi, reprenant cela de saint Thomas-d'Aquin qui lui-même reprend de Saint Paul : « *Sola fides sufficit* », « Seule la foi suffit ». « *Sola fide* », « *sola scriptura* », « *soli Deo gloria* », par la foi seule, l'écriture seule, à Dieu seul la gloire. Ces affirmations véhémentes gênent évidemment beaucoup de monde, mais cela va créer un mouvement de remise en question de bien des idées reçues que la pensée de Luther commence à instiller, et rapidement. Il va se produire un mouvement extraordinaire chez les princes allemands qui, en grande partie, vont adhérer à ces idées nouvelles en

---

[2] *La Réforme et la musique*. Faculté de musique de l'Université de Montréal, 1er décembre 2017.

différents domaines de la société, de l'éducation, de l'économie, etc. C'est un mouvement capital dans l'histoire de la pensée qui va aboutir dans le baroque. Pourquoi? Parce que c'est une façon de penser radicalement moderne que Luther est en train de lancer, ce qui va provoquer des heurts, des conflits énormes, et cela d'autant plus que de religieux, le mouvement se politise, et devient un contre-pouvoir très dangereux pour le pape et l'empereur. Luther va en effet se heurter aux deux puissants de ce monde. L'empereur, c'est Charles Quint, il a vingt ans en 1520, quand Luther est à la Wartburg. Il règne sur la moitié du monde, et l'on dit que, sur son empire, on ne voit jamais le soleil se coucher. Quant au pape Léon X, il a tout juste quarante-cinq ans. Il est le second fils de Laurent le Magnifique, Laurent de Médicis, de Florence.

Quant à Luther, il est jeune lui aussi – trente-sept ans. Entre les trois hommes va éclater le violent conflit qui va aboutir au schisme de la Réforme, ce que Luther ne voulait pas. Luther va être successivement excommunié par le pape, c'est-à-dire rejeté de la communauté de l'Église, et banni, mis au ban de l'Empire par Charles Quint. La proscription du bannissement était alors une sorte de décret selon lequel, si vous rencontrez un banni dans la rue, Luther en l'occurrence, vous avez le droit de lui passer votre épée au travers du corps en toute impunité. Pour lui éviter cela et le protéger, le prince électeur de Saxe, Frédéric le Sage, acquis aux idées de la Réforme, fait capturer Luther nuitamment dans la forêt de Thuringe et le fait mener dans la forteresse de la Wartburg, qui domine Eisenach (*cf.* photos pages 140–141).

Là, le prince va le tenir enfermé pendant onze mois. Luther ne comprend pas ce qui lui arrive, il pense qu'il va peut-être être assassiné. C'est au contraire pour le protéger que Frédéric le met sous bonne garde, et pour que ses idées bouillonnantes puissent se développer. Alors, que va faire Luther pendant sa captivité? Dans son impatience, il va écrire, écrire et écrire, de nombreux petits textes, et surtout traduire le Nouveau Testament. Et cela intégralement, en dix semaines, à partir du texte grec, parce qu'il trouve que la traduction latine de saint

Jérôme, la Vulgate, n'est pas bonne. Il y avait déjà, bien sûr, des traductions en allemand, disséminées, mais lui, Luther, traduit d'un bloc la totalité du Nouveau Testament, dans une magnifique langue, le haut-allemand, qui va devenir la langue noble de l'Allemagne pour plusieurs siècles, jusqu'à aujourd'hui. Ce geste est fondateur, il est essentiel, puisque cette traduction, qui va rencontrer un succès considérable, grâce à la récente invention de l'imprimerie, transmet l'enseignement du Christ, c'est-à-dire les bases du premier christianisme auquel ne cessera de se référer Luther.

D.R.

Luther prêchant pour les vêpres au premier jour de la Pentecôte en l'église Saint-Thomas de Leipzig (1539).

Là-dessus, je passe tous les épisodes, des guerres, des conflits à n'en plus finir. Et en 1545, c'est-à-dire vingt et quelques années après ce manifeste, le nouveau pape, Paul III Farnèse, convoque un concile dans la ville de Trente, lequel va durer vingt ans. Ce concile va notamment réformer, ce que voulait Luther. Luther n'a jamais voulu créer un schisme, il voulait nettoyer, renouveler les pratiques de la piété sur de bonnes bases, réchauffer l'adhésion individuelle par le contact du chrétien avec les Écritures saintes. Ce ne sont pas les décisions pontificales et autres qui comptent, c'est le texte. Donc « ce texte, je vous le donne », il traduit l'enseignement du Christ, « soyez en contact permanent avec cet enseignement et là, on sera dans la vérité ».

Du même coup, on va voir, proclamée par le concile de Trente et propagée par l'ordre des Jésuites qui vient d'être créé, l'idée de l'Église triomphante, *ecclesia triumphans,* du triomphe de l'Église catholique contre la Réforme. Cela est d'autant plus important que la Réforme de Luther a fait des petits, si j'ose ainsi m'exprimer, avec Calvin, qui se comporte alors en dangereux extrémiste, avec Zwingli qui ne vaut pas mieux, en Suisse, et les nombreuses églises de la famille protestante, en Angleterre et sur le Nouveau Monde, Anglicans, Méthodistes et autres, sans parler des Adventistes du Septième Jour ni des Mormons... Le triomphe de l'Église va s'exprimer de façon artistique avec le déploiement de l'art baroque, de l'architecture à la sculpture. Au fond, il y a une filiation directe avec ce « remue-méninges » provoqué par Luther. Parce qu'auparavant, tout était stable. C'est un petit peu ce qui s'est passé en astronomie.

Avant Copernic, on était encore dans le vieux système de Ptolémée, avec une terre plate et des astres, dont le soleil, qui tournent autour. Il y avait cette sorte de géocentrisme que Copernic a balayé. Il n'est pas le seul, et cela va amener une véritable révolution, celle de Copernic, suivi de Kepler, de Galilée, de Newton, etc. On remet complètement en cause l'organisation de l'univers. C'est donc bien vraiment une pensée nouvelle qui émerge.

A.-L.S. : Quels sont les mots que vous mettez sur la pensée luthérienne et qui rejoignent la musique baroque?

G.C. : Il y a de la musique baroque chez les catholiques et aussi chez les luthériens. Mais pas chez les calvinistes. Calvin n'aimait pas la musique, ou s'en défiait, il n'y a pas fait appel.

Juste quelques psaumes. Le nom de Gustav Leonhardt vous dit quelque chose, je pense. Le grand claveciniste-organiste et chef qui a lancé tout le renouveau de l'interprétation de la musique baroque dans les années soixante, grand interprète de Bach, un Néerlandais calviniste, qui jouait divinement cette musique, est mort en 2012. Lui, le musicien par excellence du Baroque, avait minutieusement réglé le déroulement de ses funérailles. Pas de musique, quelques psaumes chantés par l'assemblée. C'est tout.

Mais pour les luthériens, au contraire. La musique est une exaltation de la foi. Quand on voit cela, on comprend bien le schisme. Entrez dans un temple protestant calviniste : chez les calvinistes du temps de Bach et encore aujourd'hui, pas de décors, pas de peintures, pas de sculptures, rien. Pour une espèce de retour aux sources, d'après ce que j'en comprends. Luther, au contraire, nous dit que les images nous aident à prier. C'est tout à fait le contraire, il y a des crucifix et des tableaux, chez les luthériens, alors que chez les calvinistes, on trouve une simple croix, c'est tout. Mais personnellement, j'aime assez ce dépouillement.

Finalement, ce n'est pas faux au regard des pratiques des catholiques. Les génuflexions que l'on fait dans une église catholique, les multiples signes de croix, le gros orteil du saint que l'on vient frictionner parce qu'il doit porter bonheur, ne serait-ce pas un peu de l'idolâtrie doublée de superstition ? Devant quoi je m'agenouille ? Devant une statue faite par un artiste plus ou moins talentueux. Le crucifix que je vois, il n'est pas un objet à adorer. Il est un objet qui doit guider ma méditation pour une adoration spirituelle, peut-être. Et cela me rappelle le tableau de Magritte qui représente une pipe et au bas duquel le peintre a écrit : « Ceci n'est pas une pipe ». Bien sûr, c'est la représentation d'une pipe, ce n'est pas une pipe. Le crucifix avec le Christ en croix, ce n'est pas le Christ en croix, c'est sa représentation. Mais Luther a admis tout à fait la représentation, et surtout, il a clairement dit et répété que la musique étant ce qu'elle est, un moyen immédiat de communication avec le surnaturel et d'union entre les hommes, l'essentiel dans la liturgie doit être la musique.

Alors, des noms : cela a commencé gentiment. En fait, les premiers grands compositeurs, c'est au début du XVIIe siècle qu'on les trouve, c'est-à-dire au début de l'art de l'âge baroque. La Réforme date du XVIe siècle. Au début du XVIIe et dès la fin du XVIe, déjà, les polyphonies de la Renaissance se dissolvent dans cet art nouveau. On voit apparaître des musiciens comme Praetorius, comme le grand Heinrich Schütz surtout, avec ses confrères Schein et Scheidt – les trois S qui naissent en trois ans de temps en Allemagne centrale. Et puis, d'autres noms encore, aujourd'hui très peu connus, comme Andreas Hammerschmidt qui fut très célèbre en son temps, avec plus de quatre cents œuvres publiées en quatorze volumes! Le plus grand nom après le célèbre Schütz, ce sera Buxtehude. Buxtehude, et donc Bach et toute la famille autour. Mais puisque Luther voulait qu'on chante, on chante. On chante! On chante à la maison, on chante à l'école, on chante à l'église. Parce que c'est le chant qui est important, qui unit les hommes, qui les entraîne vers la spiritualité. Alors, puisqu'il a fallu chanter, il y a eu une invraisemblable floraison d'œuvres musicales!

A.-L.S. : C'est ce que vous me disiez tout à l'heure en aparté. Luther considérait que la musique était ce qu'il y avait de plus important après la théologie.

G.C. : Il disait même : « *Musica donum Dei.* » « La musique est un don de Dieu. » Et citant le Psaume CIV, il en parle comme de « ce don divin et très éminent qu'est la musique »[3]. Ce don, il faut le cultiver. Dans les premiers temps, il se défiait un peu de la musique d'orgue. Sans doute parce que dans la

---

[3] Martin Luther, « À ceux qui aiment la musique », 1538. *in* Luther, Œuvres, tome II, Paris, Gallimard, 2017.

culture occidentale, l'orgue était lié aux jeux du cirque chez les Romains, en même temps qu'à la débauche et aux orgies. Cela étant, chez les Romains, je pense que c'étaient des orgues tellement rudimentaires avec quelques tuyaux seulement et une pression de vent énorme, que ces instruments devaient au cirque fonctionner comme la sonnerie de l'entracte aujourd'hui : « Maintenant! Allons! On reprend sa place! Il est temps d'aller voir encore quelques braves gladiateurs, quand ce n'étaient pas des chrétiens, se faire dévorer par des lions ». Spectacle ô combien réjouissant, naturellement! Mais très vite, il s'est rallié à l'orgue parce qu'il a ressenti ou compris plusieurs choses, je crois. Que d'une part, l'orgue, de ses multiples voix, rassemble une collectivité; et d'autre part, du fait de sa soufflerie, qu'elle soit actionnée hydrauliquement ou mécaniquement, on peut tenir une note très longtemps. Avec un archet, c'est déjà un peu plus difficile; avec un instrument à vent mis en vibration par le souffle humain, ce n'est pas possible. Tandis qu'à l'orgue, je peux frapper un accord qui va me figurer une collectivité sonore, et le maintenir plaqué le temps que je veux. Là, on rejoint cette idée d'éternité, inaccessible, mais que l'on peut métaphoriquement faire ressentir. Cela peut être une raison. Il y a eu une explosion alors de la musique pour orgue dans les territoires luthériens. C'était essentiellement le cas de l'Allemagne du centre, de l'Allemagne du Nord et de l'Europe du Nord, à l'exception des Pays-Bas qui sont passés au calvinisme en 1579. Cela a généré une musique pour orgue bien différente de celle des Français de cette époque, parce qu'il est dans le génie français de préférer les couleurs et les détails, alors que pour les Allemands, c'est la polyphonie ou le contrepoint qui compte, la façon de faire vivre une polyphonie. Parce que les fondements mêmes de l'art musical sont différents. Chez les Français, l'art est de nature décorative, il se fonde volontiers sur le dialogue, comme à l'opéra. Chez les luthériens, c'est la collectivité qui s'exprime plus que l'individu. Dans un prélude de choral, la mélodie du choral est traitée par un « accompagnement » qui est tout sauf un accompagnement, mais un commentaire. La mélodie du choral proprement dite, à laquelle prélude le morceau, doit apparaître pour que l'assemblée, là, en bas, dans l'église, la reconnaisse ou l'apprenne si c'est un nouveau cantique. Il faut qu'elle se détache, surtout si elle est ornée. L'organiste doit donc la jouer sur un autre clavier, avec une sonorité différente qui se détache bien du reste. Et alors, dans les grands orgues de ce temps, il y a le grand buffet principal, sur la tribune, et dans le dos de l'organiste, vers la nef, un petit orgue qu'on appelle le positif, accroché sur le devant de la tribune, qui fonctionne à partir des mêmes claviers, mais qui est plus près des auditeurs. En général, on fait chanter la mélodie du choral sur le petit orgue, moins éloigné des fidèles que le grand orgue. Et j'ai trouvé dans un texte de la fin du XVIIe siècle à propos de Buxtehude, qu'on dit le buffet de positif « en chaire », parce qu'il est en train de prononcer un discours, une homélie, un prêche, que tout le monde doit comprendre. Et j'en ai conclu qu'au fond, l'organiste est quelque part entre Dieu et les hommes, plus près des hommes que de Dieu qui est inaccessible, bien sûr, mais il est là pour parler de Dieu et des mystères à l'assemblée, et il est là aussi pour porter la prière de l'assemblée vers Dieu. Ce qui en fait un médiateur, un passeur. Et beaucoup mieux que le prédicateur en chaire, qui fait la même chose, mais avec des mots seulement, nos pauvres mots du quotidien. Tandis que le pouvoir mystérieux, magique de la musique, donne une dimension spirituelle aux morceaux joués ou chantés. Voilà qui confère au musicien, compositeur ou organiste, un rôle fondamental dans la liturgie luthérienne. Et cela, c'est très nouveau.

(Gilles nous montre sur sa tablette, une série de photographies en lien avec notre conversation)

Voilà le château de la Wartburg. On y montre la cellule supposée de Luther. Et l'église Saint-Georges, avec ses fonds baptismaux (*cf.* photos pages suivantes), là où Bach a été est baptisé, et où Luther avait prononcé, 150 ans plus tôt, son premier sermon de Réformateur. Au-dessus, là, (*Gilles pointe le château*) l'endroit où Luther a traduit le Nouveau Testament. Cela marque quelqu'un, ça!

Annie Camus : Bien, forcément.

(Crédit photo : Michèle Lauzon)
*Le château de la Wartburg où Luther a traduit
le Nouveau Testament, l'église Saint-Georges où il a prêché et où Bach a été baptisé.
La maison paternelle de Bach, qui n'existe plus, était là.*

(Crédit photo : Dominique Tronc)
*La cellule (supposée) de la Wartburg
où Luther a traduit le Nouveau Testament.*

(Crédit photo : Gilles Cantagrel)
*Les fonds baptismaux de l'église Saint-Georges où Bach a été
baptisé, à Eisenach où il passa une partie de son enfance.*

(Crédit photo : Gilles Cantagrel)
Weimar, partie du triptyque de la Rédemption, dernière œuvre de Lucas Cranach l'Ancien. Les trois hommes au pied de la Croix sont Jean-Baptiste, Cranach et Luther. Cranach se représente recevant du Christ le baptême par le sang qui lui ouvre la vie éternelle.

A.-L.S. : Bach est né dans l'une des villes historiques de la Réforme, ce n'est quand même pas rien.

G.C. : Ah ça, c'est essentiel, même si l'on doit peut-être sortir du sujet. Luther était ami de Lucas Cranach l'Ancien. Cranach, le contemporain d'Albrecht Dürer, dont les tableaux se voient un peu partout en Allemagne centrale, dans les églises de Thuringe, et aujourd'hui aussi dans de nombreux musées. À Weimar, par exemple, où Bach est resté dix ans, il y a un extraordinaire triptyque dans l'église où était organiste son cousin Walther. Les deux cousins se voyaient tout le temps, ils avaient le même âge, les mêmes goûts, et ce triptyque, Bach a dû le voir cent fois.

A.-L.S. : Il a vraisemblablement nourri son imagination.

G.C. : Certainement. Ce triptyque présente de part et d'autre du panneau central la famille des donateurs, comme de coutume. Sur le panneau central, le Christ en croix, toujours au cœur de la pensée religieuse de Bach. Mais au pied de la croix, on ne trouve ni la Vierge ni saint Jean, selon l'iconographie traditionnelle d'après les évangiles, mais trois messieurs, qui n'étaient évidemment pas là au moment de la crucifixion. C'est une pure fiction pour l'enseignement théologique. Mais quelle signification! Il y a d'abord saint Jean-Baptiste qui montre d'une main le flanc du Christ et de l'autre l'agneau. C'est-à-dire : le voici, l'agneau de Dieu. L'agneau participe au rituel pascal, on sacrifie l'agneau pour son sang. À droite, il y a Martin Luther qui tient ouvert le Nouveau Testament et qui montre du doigt, ce que l'on peut parfaitement lire avec une paire de jumelles, trois phrases : « Le sang de Jésus nous purifie de tous les péchés » (dans l'évangile de Jean). Puis « Avançons-nous vers le trône de la grâce afin d'obtenir miséricorde et de trouver grâce quand nous serons dans la détresse » (Épître de Paul aux Hébreux). Et d'après Jean, à nouveau : « Comme Moïse éleva le serpent dans le désert, qui a donc guéri les Juifs qui retournaient vers la terre promise, ainsi faut-il que soit élevé le Fils de l'Homme ». Au centre des trois, le vieillard à la barbe bifide n'est autre que Lucas Cranach en personne, qui se représente à 80 ans dans son dernier tableau, juste avant sa mort. Le voici au pied de la Croix, où il reçoit le sang qui coule du flanc du Christ sur la tête comme on a reçu l'eau du baptême pour nous purifier à la naissance. La mort du Christ et le sang du Christ nous purifient pour la vie éternelle. C'est le sang de la vie nouvelle. Cranach, au moment de mourir, se fait baptiser par le sang du Christ. C'est extraordinaire! Tout a un sens. Il faut savoir le lire. Je ne parle pas de tous les autres détails du tableau. Parce que tout a une signification en relation avec les textes scripturaires. Mais cette seule image-ci, c'est exactement l'illustration de la théologie de Luther et de la pensée de Bach.

A.C. : La Réforme luthérienne [...] va amener également une nouvelle éthique du travail. On va parler beaucoup de l'éthique du travail. Est-ce qu'on sent aussi cette influence-là dans l'écriture de la musique, dans le travail des compositeurs?

G.C. : Le travail du compositeur : il faut bien penser qu'à l'époque, il n'y avait pas comme chez nous en France les trente-cinq heures hebdomadaires, les récupérations, les congés payés, les congés maladie, les assurances chômage ou vieillesse, etc. On travaillait tous les jours jusqu'à sa mort, et du matin au soir. Voilà qui étonne tellement aujourd'hui!

Le fils cadet de Jean-Sébastien Bach, Carl Philipp Emanuel, qui a heureusement laissé quelques souvenirs sur son père, écrit : « En raison de ses multiples occupations, il eut à peine le temps de faire la correspondance la plus indispensable »[4]. Il se faisait aider par un de ses fils, il a hébergé chez lui un pensionnaire, puis un autre, un petit cousin, qui lui servaient de secrétaire. Il n'avait pas le temps. Encore le temps, on y revient toujours. Il y avait donc une espèce d'éthique du travail, et du travail bien fait. Surtout quand on écrit une pièce d'orgue qui va parler de Dieu, une cantate qui va nous parler de la vie spirituelle, de notre humaine condition sur terre. Le travail lui-même du contrepoint, de ce qui fait la technique, cette fois-ci, d'écriture de quelqu'un comme Bach (il n'est pas le seul, d'ailleurs), cela met en œuvre une combinatoire sonore très complexe et quelquefois ardue. Ce qui ne peut se faire qu'au prix d'un travail incessant et d'un travail mental préalable. Je pense qu'il devait composer aussi la nuit. Il devait combiner, résoudre des rébus, en quelque sorte, qu'il se posait.

Le microcosme du canon

Mon dernier livre, paru au début de cette année 2018, a pour objet la musique instrumentale de Bach. J'en ai consacré le dernier chapitre aux canons. Il y a la musique d'orgue, la musique de clavecin, les autres instruments solistes, la musique de chambre, la musique d'orchestre, et dernier chapitre : les canons. Le canon, c'est particulièrement intéressant. Tout le monde connaît *Frère Jacques, dormez-vous*. On sait maintenant que c'est Rameau qui a écrit ce canon-là, le grand Rameau, depuis la découverte de Sylvie Bouissou, une chercheuse musicologue, auteure d'un gros livre sur Rameau paru il y a quelques années. Le canon *Frère Jacques* est très simple. Nous sommes quatre à chanter et il n'y a qu'une seule ligne qui soit écrite,

---

[4] Carl Philipp Emanuel Bach, *lettre à Johann Nikolaus Forkel*, à Göttingen, Hambourg, 13 janvier 1775.

mais elle est en quatre phrases musicales. Un chanteur commence, puis un deuxième le suit à partir de la deuxième phrase, en recommençant depuis le début, et ainsi de suite. Les quatre segments de phrases se superposent et reconstituent le morceau. Cela peut durer jusqu'à la fin des temps. Mais il y a des canons plus compliqués, et même beaucoup plus complexes. Un canon peut tenir sur une seule ligne, mais les principes de superposition peuvent varier et il peut être très difficile de les découvrir. Un canon, toujours sur une seule ligne, peut donner tout le matériau d'une œuvre entière. Là encore, c'est le microcosme et le macrocosme, c'est le *dictum* et c'est l'univers entier dans toutes ses métamorphoses, ses coalescences.

Leibniz et Bach

Il vient de paraître un livre sur Leibniz et Bach[5]. L'auteur s'appelle Arthur Dony, il est doctorant à l'université de Liège. Et il insiste justement sur une chose essentielle, à savoir que Bach, comme Leibniz, met en œuvre un principe de similitude entre l'unique et le multiple qui se déduit de l'unique. Cela, pour moi, c'est le fondement de la musique baroque, et celle de Bach en particulier.

C'est le prologue de l'évangile de Jean : « Au commencement était le verbe », le logos originel. Bach donne à entendre à nos sens éblouis que dans la prodigieuse diversité de toutes ses manifestations, l'univers procède d'un principe fondateur unique à la base de toute la création. Le multiple découle de l'unique et en porte sans cesse le témoignage, là même où on l'attend le moins. Aux yeux de Leibniz, Dieu n'a-t-il pas choisi « celui des mondes possibles qui est le plus parfait, c'est-à-dire celui qui est en même temps le plus simple en hypothèses et le plus riche en phénomènes »? Ce même Leibniz qui ailleurs avoue que « par-dessus tout, en effet, nous plaît la variété, mais réduite à l'unité »[6]...

---

[5] Arthur Dony, *Leibniz et J.-S. Bach, Métaphysique et pensée musicale à l'âge baroque*. Liège, 2017.

[6] G. W. Leibniz, *Discours de métaphysique, Traité sur les perfections de Dieu*, 1685-1686.

Il y a finalement une grande unité dans cette pensée. Et donc, je reviens au canon, même chose. Ce n'est généralement qu'une ligne musicale, qui va se diversifier, se métamorphoser, mais encore une fois, tout est contenu dedans, on n'ajoute aucun élément extérieur. On va déduire. Or quelquefois la déduction est extrêmement difficile à opérer.

Où va commencer la deuxième voix? Puis la troisième? Et comment va-t-elle commencer? Dans le même ton ou dans un autre ton? Faut-il transposer pour superposer? Avec le même rythme, ou un rythme condensé, ou au contraire éclaté? Et Bach utilise tout cela. C'est inimaginable.

Les 14 canons « Goldberg »

On a retrouvé, en 1974, l'exemplaire personnel gravé des *Variations Goldberg* de Jean-Sébastien Bach, son exemplaire. Il n'en existe que dix-sept sur terre : c'était tiré en un très petit nombre d'exemplaires, comme toujours, une centaine en général. Or, on a retrouvé le sien, ce qui était d'autant plus important que l'autographe en était disparu. Cet exemplaire avait été acheté par un collectionneur allemand au XIXe siècle, et il était passé plus tard dans les mains d'un claveciniste français, professeur de clavecin à l'université de Strasbourg, lequel savait très bien, lui – il avait compris –, ce dont il s'agissait mais qui longtemps n'en a pas parlé. Et voilà qu'un jour, ce M. Paul Blumenroeder téléphone à un inspecteur général de la musique qui n'était autre qu'Olivier Alain, compositeur, musicologue et organiste, le frère aîné de Marie-Claire Alain, l'organiste. J'en ai parlé avec Marie-Claire qui était une amie.

Le professeur de Strasbourg appelle donc Olivier Alain, dont c'était le métier d'inspecter les conservatoires de musique de France, et lui dit : « Quand vous passerez par l'Alsace, venez donc me voir, j'ai quelque chose à vous montrer. » Ce qui fut dit fut fait. Il lui montre l'exemplaire gravé des *Variations Goldberg*. Olivier Alain examine de très près cette relique extraordinaire. Et puis, en feuilletant, il s'aperçoit qu'il y a des annotations à la plume, manuscrites. Et comme il connaissait ses textes, il savait que Carl Philipp Emanuel avait écrit que son père était très mécontent du travail de gravure de Balthasar Schmidt de Nuremberg, et avait corrigé les fautes de gravure sur son exemplaire personnel. Et là, il reconnaît l'écriture de Bach. Et ce n'est pas tout. À la fin, la troisième page de couverture est entièrement manuscrite et présente quatorze canons sur les huit premières notes de la basse des variations. Outre que l'écriture de Bach est parfaitement reconnaissable, quatorze est un chiffre mythique pour Jean-Sébastien Bach à l'extrême fin de sa vie, parce qu'en gématrie, *B* étant la deuxième lettre de l'alphabet, *A* la première, *C* la troisième, *H* la huitième, le total fait quatorze. Ce nombre de 14 est donc une façon de dire B. A. C. H. Et ces quatorze canons sont classés en ordre de complexité croissante. De même qu'à cette même époque de ses toutes dernières années – époque de haute spéculation intellectuelle pour Bach – il y aura quatorze contrepoints dans *L'Art de la fugue*, eux aussi rangés en ordre de complexité croissante. Les quatorze canons que l'on venait de découvrir apparaissent ainsi comme une sorte de maquette de *L'Art de la fugue*. Je trouve cela vertigineux. Or deux de ces canons étaient déjà connus par ailleurs. Un par un autographe dans un album, l'autre étant tout simplement celui que le musicien tient à la main sur son portrait officiel, l'unique portrait dont l'authenticité soit certaine. Il s'y fait ainsi représenter non pas comme organiste, comme chef d'orchestre, comme claveciniste, mais comme maître de la discipline la plus exigeante de toute la musique, la composition d'un canon, le mode de composition le plus complexe en musique qui se puisse imaginer. Il se représente comme cela, il semble dire : « Regardez comme je suis savant! »

Quant au quatorzième et dernier canon, c'est le plus complexe de tous. Il y a quatre parties à deviner à partir de celle qui est notée, en doubles croches. Bach a noté *Canon à 4. per Augmentationem et Diminutionem*. Augmentation signifie en musique en valeurs temporelles étirées, et diminution, au contraire, en valeurs temporelles resserrées. Ce qui veut dire que le canon est à quatre parties, en quatre vitesses différentes, en blanches, en noires, en croches et en doubles croches.

Quatre vitesses différentes, cas unique dans toute l'histoire de la musique. Une fois cela dit, il a fallu plusieurs mois à la communauté musicologique internationale pour arriver à décrypter ce canon, d'une complexité effarante, d'autant que cette combinatoire n'est issue que du seul cerveau d'un être humain! Alors, quand on parlait du travail complexe ou de la somme du travail, ce n'est pas tant du travail matériel, le travail bien fait, qu'il s'agissait, mais de la conception. Et puis, il y a deux de ces parties qui sont dans la tonalité principale et les deux autres dans la tonalité de la dominante. Et tout cela n'est fait qu'avec les huit notes du *dictum* initial et se superpose magnifiquement (*cf.* partition page suivante)! Et cela ne s'arrête pas.

Alors voilà un exemple de la pensée musicale, de la créativité, pour le coup, et cela n'est pas seulement un travail intellectuel par goût du travail bien fait, par goût de la rigueur qui existe, ô combien!, cela va plus loin. C'est une sorte d'image du monde qui, dans sa diversité, est redevable à un principe unique qui, pour Bach, s'appelle Dieu.

A.C. : Est-ce qu'on parlerait aujourd'hui de génie?

G.C. : Oui. Le mot « génie » existait à l'époque, mais ne voulait pas dire cela. Le génie, c'était le talent du fabricant, comme on parle du génie militaire ou du génie civil. Le génie pour parler d'un homme, d'un artiste très exceptionnel, je crois que le terme apparaît à partir de Beethoven, même pas de Mozart. Ou bien on dit d'un créateur ou d'un ouvrier qu'il a du génie, mais c'est tout. Il sait bien fabriquer de la musique.

Bach, lui, est un génie absolu, au sens moderne du terme. Je vais plus loin, je dirai que Bach est, pour moi l'un des plus grands *esprits* de l'humanité, de l'espèce humaine. Pas seulement en musique. Comme Platon, comme Léonard de Vinci, comme Goethe. Je ne sais pas combien il y en aurait eu…

À la fin de sa vie, Bach paraît ressasser un motif musical très simple, qui est le thème d'un choral de Noël : « Du haut du ciel je viens vers vous »[7]. C'est le thème de l'incarnation. L'incarnation de la divinité dans l'humanité. Il y a là un beau motif de réflexion.

---

[7] Pour illustration sonore : Johann Sebastian Bach, *choral* « Vom Himmel hoch da komm' ich her » (Du haut du ciel, je viens vers vous). https://youtu.be/9T_PEBMGroE (*cf. code QR*)

La page où Bach a noté les 14 canons sur les huit premières notes de ses Variations, dites « Goldberg ».

Nous avons tous une part de divinité en nous, même très faible, en tout cas de quelque chose qui dépasse le matériel. C'est pour cela que lorsque l'on me dit : « Je suis complètement athée, matérialiste », je veux bien, puisqu'on me le dit. Mais enfin, vous n'êtes pas que de la viande sur des os, de la chair et du sang, il y a autre chose peut-être, dans l'être humain! Que vous ne soyez pas religieux, que vous n'ayez pas la foi, que vous rejetiez toute religion, bien sûr, je l'admets parfaitement, mais que vous niiez toute spiritualité chez l'être humain… Je ne peux pas comprendre ce que vous me dites. Je pense donc que ces canons sont une des formes d'expression les plus intenses du génie de Bach. Et là, il faut bien parler de génie, qui nous montre que la musique est faite pour autre chose que le divertissement. On est ici à l'opposé total de la musique française de l'époque, quoiqu'elle soit admirable. Je schématise un peu parce qu'il y a quand même dans les messes de Grigny des citations de chant grégorien, et que c'est beaucoup plus complexe que je ne le dis. Mais écoutez, par exemple, un des génies de l'histoire de la musique en France. Nous avons eu la chance d'en avoir un par siècle, au milieu de nombreux musiciens d'un immense talent, Rameau au XVIIIe, Berlioz au XIXe, Debussy au XXe. Pour le XXIe, il est beaucoup trop tôt pour le dire, et nous pouvons prendre rendez-vous dans cent ans… Pour le moment je n'en vois pas, parce qu'il y a toujours ce que j'appelle un effet de myopie face à la création la plus contemporaine, le manque de recul. Berlioz nous parle de lui, il nous parle de ses souffrances, de ses héros (lui-même en premier lieu!), avec un sens de la couleur, du rythme, une imagination vertigineuse. C'est tout, et c'est extraordinaire. Mais ce n'est pas Schumann. Chez Bach, chez Buxtehude déjà, chez Schütz, je remonte le temps. Redescendre le temps, maintenant, chez Mozart, chez Haydn, chez Beethoven, c'est autre chose, il ne s'agit pas de nous raconter une belle histoire avec tellement de talent et de couleurs, il s'agit de nous parler de quelque chose de plus essentiel. Mozart nous parle de l'Homme, Beethoven nous parle même de l'humanité tout entière.

Douter/Croire

A.-L.S. : Douter et croire?

G.C. : Eh bien, c'est la même chose! On finit par croire en surmontant un doute. Par exemple, tous les grands spirituels, pour ne pas dire les saints du paradis, les grands spirituels, sont des gens qui n'ont pas arrêté de douter. Et qui ont surmonté ce doute par une croyance très fermement ancrée, d'autant plus forte qu'ils ont douté et que ces doutes ont nourri leur foi. Il y a quelques années, on a publié des lettres de Mère Teresa au moment où elle allait être canonisée. Et un journaliste, dans un très grand quotidien français, s'est posé la question : « Comment peut-on imaginer canoniser une femme qui doutait? » Mais justement, c'est parce qu'elle doutait qu'elle pouvait accéder à la sainteté, et qu'elle a complètement transcendé ce doute.

Dans le cas de Bach, il est évident, comme chez tous les grands savants, ainsi que le disait Claude Bernard, que le savant doit être un douteur, mais qu'il doit aussi être un croyant. Un croyant en la science, un croyant dans le travail qu'il fait, dans la méthode qu'il s'est donnée, mais qui ne doit pas hésiter à remettre en cause à tout instant les résultats de ce qu'il expérimente. Pour en revenir à Jean-Sébastien Bach et à la créativité en musique, c'est quelqu'un qui humainement était en proie à un doute existentiel vertigineux. J'ai déjà dit à quel point il avait fréquenté la mort. Ce petit gamin de neuf ans qui a vu mourir sa mère, lui, le petit dernier de la famille, puis son père, qui s'est remarié entre temps, parce qu'il faut bien que la vie continue. Il n'a pas encore dix ans, qu'il se retrouve orphelin. Seul sur terre. Il a sa famille, bien sûr, le frère qui va le recueillir, mais enfin, c'est effrayant. Plus tard, c'est sa femme qui disparaît, Maria Barbara Bach, qui avait le même âge que son mari, qui était une Bach comme lui, une cousine issue de Germains, orpheline comme lui, qui lui avait donné sept enfants quand même. Il en restait quatre, l'aîné avait dix ans... Et il a vu mourir dix de ses enfants en bas âge!

Toute sa vie, cet homme aura joué à des services funèbres, aura fait chanter des motets pour des inhumations. Contact permanent avec la mort, dans un pays qui a été, moins de cent ans auparavant, ravagé par la plus abominable des guerres de toute l'histoire de l'Europe, la guerre de Trente Ans, qui a fait environ dix millions de morts sur une population de seize millions. En gros 60 % à 70 %, de la population a disparu, on n'a pas de statistiques précises. Je sais bien, hélas, que l'on a fait plus fort au XXe siècle en nombre de morts, mais pas en pourcentage, heureusement, c'est effrayant. Et donc, le peuple allemand pendant trente années, un siècle avant Bach, a vécu dans la permanente présence de la mort, l'angoisse de savoir que demain peut-être, je serai mort. Il y a les incendies, les assassinats, des épidémies meurtrières.

Tout d'un coup, la peste arrive, des familles entières sont décimées, des villages entiers rayés de la carte, des villes durement frappées. Ce fut le cas aussi en Angleterre, notamment. L'Europe entière avait déjà connu la grande peste noire de 1348. Mais la guerre de Trente Ans (1618-1648) a vu une multiplication des épidémies, sans parler des hordes sauvages qui envahissent les villages, qui entrent dans les maisons, tuent tout ce qu'ils peuvent tuer, qui tuent les hommes, qui violent les femmes et qui se nourrissent de la chair des enfants qu'ils passent à la broche, parce qu'elle est plus tendre. On en a même des images! Jacques Callot, le grand graveur lorrain, a publié en 1633 une série de gravures qui s'appelle *Les Grandes Misères de la guerre*. Ce sont de petites gravures – j'ai eu la chance d'en acquérir quatre, il y en a dix-huit au total, qui ne font pas plus de 18 cm de large pour 8 cm de haut. Mais si on agrandit en un mètre carré, c'est toujours aussi net, le burin est extrêmement fin. Et il y a un petit commentaire en dessous de ce qui est représenté. C'est terrible de voir la façon dont on tue les gens, et donc cette permanence de la mort... Et puis dès qu'un village était décimé par la peste ou les exactions des reîtres et des spadassins, les bêtes affamées sortaient de la forêt, les loups, les renards, les ours, venant dévorer tout ce qui reste : je le redis, c'est effrayant! Cette permanence de la mort a provoqué une flambée de poésie mystique, d'ailleurs. Bach est encore dans le contrecoup de ce drame épouvantable. En cherchant, par tous les moyens, à apaiser cette dissonance fondamentale. C'est là le doute existentiel, mais qui se double d'un doute spirituel. Cela, je le disais à propos des grands spirituels, et on en a un témoignage très simple, très clair, avec la fin du *Credo* de la *Messe en si mineur*, qui est la dernière œuvre achevée du musicien[1].

En fait, cette œuvre, on ne sait même pas pour quoi ni pour qui elle a été écrite, on n'en connaît pas de commande. Une œuvre si longue qu'elle est inutilisable dans une liturgie. Le mystère est complet. Bach l'a constituée en deux grandes étapes de sa vie, et chaque fois en reprenant des morceaux de cantates. C'est un ravaudage de divers morceaux antérieurs. Sauf que, pour finir le *Credo*, il lui manquait trois chœurs qu'il n'avait jamais écrits. Je ne vous parle pas de toute la symbolique trinitaire, parce qu'il va articuler tous les articles du *Credo* en trois fois trois morceaux, avec au centre le *Crucifixus*, au cœur de la théologie de la Rédemption de Luther, le *Credo* occupant lui-même le centre de la Messe, le *Gloria* en trois fois trois – une formidable construction théologique, beaucoup de travail, là encore, et de pensée!

Des trois articles du *Credo* qu'il n'avait jamais mis en musique, je suis frappé par celui qui est la toute dernière musique vocale, et spirituelle, en tout cas, qu'il ait écrite. Comme je vous le disais la dernière fois (*cf.* Faire, page 73), à soixante-quatre ans, il perd la vue. On entend le vieil homme se poser la question fondamentale, au moment de mourir : n'ai-je pas

---

[1] Pour illustration sonore : Johann Sebastian Bach, *Messe en si mineur. Credo* (Symbolum Nicenum). https://youtu.be/VY1w3EhXqwo (*cf. code QR*)

bâti sur du sable? Tout ce qui a fait ma vie tient-il toujours, au moment de l'épreuve de vérité? Le musicien nous a laissé un instant entrevoir le vieil homme devant le tombeau ouvert. Quelque chose de son doute existentiel.

Le doute spirituel et l'angoisse existentielle

Il n'est pas difficile d'en conclure – et il y a d'autres signes dans toute son œuvre qui vont dans le même sens – qu'il s'est efforcé de surmonter son angoisse existentielle et son doute spirituel en créant la plus belle des musiques, c'est-à-dire en créant un monde sonore idéal. Idéal, et pas seulement joli ni beau. Il a sublimé sa souffrance existentielle, notamment par une harmonie indémaillable, une plénitude sonore, une rythmique équilibrée, une pulsation régulière et puissante, telle que sa musique nous donne envie de vivre. Et ce qu'il a créé pour lui, il nous en fait trois siècles plus tard le sublime présent!

Avez-vous remarqué que l'on peut écouter Bach le matin, le soir, la nuit? On peut l'écouter si l'on est triste, on peut l'écouter si l'on est gai, si l'on est heureux ou malheureux. Il nous donne envie de vivre. Parce qu'il s'est donné lui-même envie de vivre! Il destine sa musique aux autres, mais c'est avec lui-même qu'il écrit cette musique. Qu'il suture complètement sa cicatrice intérieure et sa dissonance. Vous savez qu'une dissonance, c'est un agrégat de notes qui heurte l'oreille, dans une culture donnée, dans un système donné, et qui demande à se résoudre sur quelque chose de stable.

De Bach, j'ai l'impression qu'il résout constamment sa propre dissonance interne. Et je compare à Franz Liszt, un siècle plus tard, qui dira : « Ma vie est une dissonance non résolue ». Oui. Il n'y est pas arrivé, et pourtant c'était lui aussi un grand croyant. Mais Bach, lui, y parvient, il résout sa dissonance intime. À ce propos, je dois citer une anecdote extrêmement significative et plutôt amusante, rapportée par un contemporain nommé Cramer, qui la tenait de Carl Philipp Emanuel en personne, le fils cadet de Bach. « Lorsque le soir, il se mettait au lit, ses trois fils, musiciens de bonne heure, jouaient alternativement – une coutume qu'il avait introduite – pour l'endormir [...]. Cette servitude dans la maison paternelle ennuyait fort souvent les garçons. Carl Philipp Emanuel [...] était ainsi un soir sur ses gardes; dès qu'il remarqua que son père commençait à ronfler, hop!, il se leva du clavecin au milieu d'un accord non résolu et s'enfuit.

Cette dissonance éveille immédiatement le vieux Sebastian. Elle tourmente, torture, angoisse son oreille. Il croit tout d'abord qu'Emanuel n'est sorti que... pour lâcher son eau et qu'il va revenir; puis, comme rien de tel ne se produit, il se tourmente plus encore; il se lève en chemise, bien qu'il soit déjà dans son lit chaud; il sort du lit; il tâtonne dans le noir jusqu'à l'instrument, reprend l'accord dissonant et... le résout. Très belle anecdote, hautement significative[2]!

Comme j'ai pu déjà l'écrire : inséparable de son discours musical, et de sa création depuis ses plus obscures racines, sa foi. Elle aussi, une prodigieuse construction mentale. De même qu'il a conçu pour son usage les formes et les structures de son langage sonore, l'orphelin Bach, l'autodidacte, a érigé la cathédrale de sa foi. On l'imagine doté d'une robuste foi du charbonnier, psychologiquement structurée dans une tradition, à l'aide de quelques-unes de ces croyances fondamentales que l'on ne remet pas en cause. Une foi sincère, profonde, énorme. Peut-être. Mais certainement pas à l'abri du doute, sinon des crises. Il lui faut fonder l'édifice sur une connaissance encyclopédique, avoir réponse à toutes les interrogations, rationaliser tout ce qui peut l'être, ce qui explique pour partie son exceptionnelle culture théologique.

---

[2] Un autre récit est connu, celui de Reichardt qui rapporte : « Johann Sebastian Bach entra un jour dans un salon où se trouvait une nombreuse société, au moment où un amateur était assis au clavier et improvisait. Quand ce dernier s'aperçoit de la présence du grand maître, il saute de son siège et termine sur un accord dissonant. Bach, entendant cela, est tellement tourmenté par son malaise musical qu'il passe en courant devant le maître de maison qui vient à sa rencontre, se précipite au clavecin, résout l'accord dissonant et le conclut comme il se doit. Ensuite seulement, il marche vers son hôte et lui fait sa révérence ». (J. F. Reichardt, in *Musikalischer Almanach*, Berlin, 1796).

Une structure intellectuelle fortement charpentée a développé chez lui une propension naturelle à la combinatoire et à l'intériorisation. Participant elle aussi à cet impérieux désir d'assouvir un besoin de hiérarchie mentale, d'une échelle de valeurs nette, sans équivoque, propre à rétablir l'ordre brisé. Réconciliation du musicien avec son destin, par la réconciliation de ses propres tendances antinomiques au sein de son œuvre. Et avec la condition humaine, sous le signe de la foi.

En quête d'une résolution

A.-L.S. : Cela rejoint, pour partie, un premier mot qu'on évoquait au début : l'*impatience*. J'ai l'impression que dans l'*impatience*, au-delà du préfixe privatif, il y a l'*im*-quelque chose. L'irrésolu ou le…

G.C. : Oui, oui, oui, oui. La recherche d'une résolution, je ne dis pas d'une solution, d'une résolution. Au fond, c'est un peu cela, parce que, au début d'une fugue, on nous propose un motif, un thème, comme une énigme qu'il faut parvenir à résoudre en en ayant exprimé tout le contenu, comme on exprime le jus d'un fruit.

Je pense au fameux *da capo* à la fin des *Variations Goldberg*, où l'on rejoue l'aria initiale, qui est une ravissante mais anodine, en apparence tout du moins, petite sarabande. Je ne savais pas qu'elle avait tout cela dans le ventre, si j'ose dire.

Qu'elle allait générer tout ce que je viens d'entendre, c'est inouï. Même sentiment avec les *Variations Diabelli* de Beethoven, qui connaissait les *Goldberg*, évidemment…

Expérimentation/Transmission

A.-L.S. : J'avais relevé au total quatre dyades. Donc, on a traité d'*imagination* et *rigueur*, de *divine perfection* et *humaine imperfection*, de *douter* et *croire* et il y en a une quatrième. Vous relatez souvent deux termes en tension : *l'expérimentation* versus *la transmission*.

G.C. : Je ne les voyais pas comme antagonistes.

A.-L. S : Pas forcément mais en tension? ...

G.C. : Je pense qu'un musicien est toujours un expérimentateur du monde nouveau qu'il est en train de créer sous nos yeux ou nos oreilles. C'est d'autant plus vrai dans le cas de Bach, qu'il était un passionné, il manifestait une volupté à l'égard du son. C'est-à-dire qu'un hautbois normal en *ut* et un hautbois alto en *la*, cet instrument que l'on nomme hautbois d'amour, même jouant la même note, n'ont pas tout à fait le même timbre, la même couleur sonore. Le son du hautbois d'amour est légèrement plus doux, ce qui justifie son nom. Et donc, Bach s'est passionnément intéressé à la lutherie, à l'organologie en général. Il avait une connaissance approfondie des instruments et de leurs modes de jeu, étant lui-même un instrumentiste exceptionnel. Il jouait de tous les instruments et paraît-il à la perfection. Il discutait avec les luthiers, il faisait modifier, transformer ses propres instruments, il faisait travailler les musiciens qu'il dirigeait. Voilà la part d'expérimentation. Il va même parfois jusqu'à utiliser des instruments éphémères, ça l'intéresse! Cela, parce qu'il aime la matière sonore. Et ce qui est curieux – c'est un paradoxe étonnant –, c'est qu'il a à la fois cette volupté, cette sensualité pour le son, le « grain » des instruments, pour parler comme Roland Barthes, le grain sonore d'un instrument et d'une voix, d'ailleurs, et qu'en même temps, il y a une telle solidité dans la forme de ses œuvres qu'on peut jouer sa musique sur n'importe quel instrument et que musicalement, cela « fonctionne » encore. À condition de jouer les notes, toutes les notes et rien que les notes. C'est mystérieux, parce qu'une merveilleuse pièce de Couperin, sur un beau clavecin à la française, je ne peux pas la jouer à l'accordéon ou au synthétiseur. Mais on peut jouer une fugue de Bach à l'accordéon ou au marimba, et cela marche toujours.

Connotations symboliques

Certes, le plaisir, le ressenti n'est pas le même, et de plus, les instruments et leurs usages sont également liés à une symbolique. Il y a des connotations qui disparaissent, comme celle du hautbois, dont je parlais. Bach aime beaucoup le hautbois, qui a chez lui plusieurs usages. Il sert à doubler une partie de soprano, quand les petits enfants du chœur n'ont pas assez de volume pour emplir l'église. On les soutient par un hautbois, c'est très efficace, le son du hautbois s'entend de loin. C'est aussi, et surtout, sur le plan de la symbolique musicale, l'instrument des bergers, évoquant une espèce de cornemuse qui les accompagne et dont ils jouent. La Nativité : le hautbois est lié à l'évocation de la crèche. Or, chaque fois que Bach écrit des cantates proposant des méditations sur la mort, il utilise le hautbois. J'ai tellement l'habitude d'entendre le hautbois pour la Nativité que j'associe aussitôt la Nativité à ce que j'entends. Quand il me parle de la mort, Bach me fait comprendre ainsi que la mort n'est jamais que le passage vers une nouvelle naissance, la naissance à la vie éternelle, ce que le texte corrobore exactement.

Une exégèse en musique

Une fois encore, l'instrument n'est pas neutre, il n'est pas là pour faire joli. Il va nous dire quelque chose. On parlait de discours musical : la musique dit quelque chose. En clair ou même pas en clair. Par exemple dans les cantates, Bach pratique non seulement le commentaire spirituel, mais l'exégèse.

J'en ai déjà parlé. C'est-à-dire, par exemple, qu'il écrit une cantate sur l'évangile de Jean qui nous tient un discours difficile à comprendre. Et parmi les instruments, – l'ensemble des cordes par exemple –, je vais entendre tout à coup un instrument se détacher nettement pour jouer un motif musical différent. À notre époque, on ne peut dire que « quelle belle musique! ». Mais l'auditeur du temps de Bach se dira toute autre chose. Ce motif qu'il entend, il le reconnaît pour être celui d'un choral dont il connaît les paroles depuis son enfance. Or ces paroles qu'évoque ce motif musical disent autre chose que les paroles qui sont chantées par le soliste. Cela veut dire que Bach me propose d'attaquer un texte difficile par un autre texte qui va me permettre de comprendre le premier. C'est extraordinaire. Ce n'est pas seulement de la belle musique. Je n'arrête pas de le répéter chaque fois que je le peux!

A.C. : C'est une œuvre avec plusieurs niveaux imbriqués de sens. Et donc il portait une attention à tout, tout, tout!

G.C. : Ah oui, tout! Parfaitement! Même à propos de ses instruments, Carl Philipp Emanuel dit que son père savait réparer les instruments, les accorder, et à la fin de ce petit paragraphe, il conclut en disant, pétri d'admiration : « Il faisait tout lui-même! »[1]. Ce qui est vrai pour la facture instrumentale à son époque l'était pour tout le reste.

Curiosité et connaissance

A.-L. S. : On la retrouve aussi dans notre champ, cette idée que la créativité engage une multitude de connaissances pour aborder le problème. […]

G.C. : La curiosité? Il paraît que la curiosité est un vilain défaut. Et si c'était une belle qualité? Il y a certes plusieurs formes de curiosité. La curiosité peut être malsaine, mais la découverte est le produit d'une curiosité. Une très grande curiosité, voisine de l'impatience.

---

[1] Carl Philipp Emanuel Bach, *lettre à Johann Nikolaus Forkel*, à Göttingen, Hambourg, fin 1774.

A.-L. S. : Est-ce que la curiosité, à un moment donné, peut entraîner (Bach en particulier) vers un gouffre, à se perdre dans le vertige, ou vers une anomie?

G.C. : C'est possible, mais oui, ah oui, oui, oui! On peut ressentir un vertige. Entrer dans un labyrinthe dont on ne trouve plus la sortie. Je pense que Bach a un certain goût pour nous entraîner dans des labyrinthes sonores, mais il ne nous y perd jamais. Il va nous récupérer quelque part.

Ce labyrinthe est celui de sa propre pensée, la pensée musicale, sa pensée à lui. Écoutez tel ou tel des grands contrepoints de *L'Art de la fugue*. « Où en étais-je? », peut-on se demander par moments. C'est le titre d'un très joli roman écrit par mon regretté ami Philippe Beaussant, qui était musicologue et romancier de grand talent, grand connaisseur de l'art baroque. Il a écrit un très bel ouvrage sur la dernière œuvre de Titien, *Apollon et Marsyas*, qui se trouve à Kroměříž, en Moravie.

Un jour, je rencontre Philippe dans la cour de l'Institut de France. « Alors, comment vas-tu? » Et je lui dis que je viens de lire son magnifique livre sur le dernier tableau de Titien, où il compare cette œuvre ultime au dernier chœur du *Credo* de la dernière œuvre achevée par Bach, la *Messe en si* mineur. Il avait fait la même observation que moi, ou moi que lui. « Est-ce qu'on en avait parlé ensemble? » – « Ah non, jamais ». Nous sommes donc au moins deux à penser la même chose. Et puis il a écrit un petit roman très amusant, qui se passe dans son petit village de Normandie. « C'est ce que tu vois de ta fenêtre? » – « Oui, oui, c'est ça ».

À partir de là, il voit des gens d'aujourd'hui, près de l'église, et il glisse vers un roman qu'il est censé écrire et qui se passe au XVIIIe siècle au même endroit. Il y a une confusion permanente entre les personnages qu'il voit et les personnages qu'il invente, ou plutôt qui vivent leur propre existence sous la plume du romancier... Le livre s'appelle *Où en étais-je?* Magnifique réflexion sur le mystère de la création.

C'est extraordinaire : l'auteur se perd dans le labyrinthe de sa création! Voilà pour le labyrinthe. Mais Philippe n'est plus là pour nous répondre, hélas. C'eût été le sujet d'un débat passionnant.

A.-L. S. : Ce qui reste, pour moi, un mystère, c'est comment est-ce que Bach a forgé cette vision dont vous parlez depuis le début, ce cadre rigoureux à l'intérieur duquel il sait qu'il doit avancer malgré le labyrinthe?

G.C. : On reste ici dans le pronaos, à l'entrée du temple, sans pouvoir y pénétrer...

A.-L. S. : Il a perdu son père, il a perdu son professeur de musique, donc il est autodidacte, mais malgré le fait qu'il ait été autodidacte, il a dû trouver quand même quelques pères spirituels ou pédagogues-précepteurs...

La transmission du savoir

G.C. : Le jeune Bach a eu la chance de rencontrer le grand Buxtehude. Plus qu'une chance, d'ailleurs, c'est lui qui a fait la démarche. J'ai imaginé la rencontre : on sait qu'il est allé à Lübeck pour écouter ce musicien qui était alors le plus grand maître de son temps. Buxtehude est un vieux monsieur (pour l'époque), un sage, au soir d'une belle vie de labeur. Et à vingt ans, Bach qui a copié tout ce qu'il pouvait copier pour essayer de comprendre de l'intérieur ces œuvres qu'il découvrait, sait qu'il lui manque encore une chose, qui est de rencontrer le vieux maître et d'entendre sa musique de ses oreilles. Il va donc là-bas, à pied, et il écoute... Qu'a-t-il pu entendre sous les hautes voûtes de l'immense église Sainte-Marie? Des pièces d'orgue phénoménales, de grands oratorios, de grandes cantates. Et c'est pour lui un éblouissement total. On sait qu'il est resté trois mois à Lübeck. Et dans l'ombre du vieux maître. Lequel va le loger sous son toit, parce que le jeune homme n'a pas d'argent pour se payer l'auberge, en échange de quoi le jeune Bach, virtuose à l'oreille infaillible, capable de diriger des répétitions, de chanter, d'exécuter la basse continue à l'orgue, au clavecin, de jouer du violon, sera un parfait assistant pour le maître. Il a dû rendre de grands services, alors que Buxtehude avait à préparer de grandes commémorations musicales en l'honneur de l'empereur défunt et du nouvel empereur, son fils, qui venait de lui succéder. Et j'ai imaginé que dans ce contact entre le vieux maître qui a reconnu l'énorme talent du jeune de vingt ans, une étincelle a jailli quelque part. Qu'ils bavardent quelquefois, en sortant de l'église. La maison de l'œuvre de l'église où demeurait Buxtehude était en face de l'église Sainte-Marie, il n'y avait que dix pas à faire pour y aller. Alors qu'on est en plein hiver, « allons, on va marcher un petit peu le long de la Trave ». Il y a les bateaux qui sont là, face aux entrepôts. Ils parlent de la pluie et du beau temps. Et c'est en parlant de la pluie et du beau temps, si j'ose dire entre guillemets, de la vie comme elle va, que le contact se produit, que le fluide va atteindre son but. Je suis convaincu que c'est ainsi que se transmet l'héritage d'une pensée, mieux que dans des cours d'université – qui n'en sont pas moins indispensables, bien sûr. Le jeune homme est tout d'un coup mis en face de la pensée d'un maître. Et c'est cette pensée qui va l'illuminer et qui s'exprime dans sa musique. Il va questionner, et rapidement comprendre, au moment où il va jouer des œuvres du maître devant lui. Il va comprendre qu'un grand *praeludium,* un prélude complètement imaginatif de Buxtehude avec ses épisodes fugués ou polyphoniques, c'est d'abord une véhémente prise de parole : « Écoutez, maintenant! ». Et quand on écoute bien, il y a trois ou quatre notes de base, un petit dessin, une petite figure rythmique, qui reviennent transformés et qui unifient cette disparate totale, apparente, du discours musical. Et voilà que l'on ressent, malgré toute la fantaisie, comme une grande unité. Là, il se passe quelque chose. Et j'imagine Buxtehude après la messe de Noël – parce que cela se passe en novembre, décembre et janvier, les trois mois de présence de Bach à Lübeck – qui l'emmène dans le transept nord de l'église Sainte-Marie, à gauche, une grande chapelle appelée chapelle de la danse macabre. On y célébrait les funérailles, il y a un grand orgue destiné aux cérémonies funèbres, et puis sur le mur est peinte une magnifique fresque, une danse macabre, réalisée au XVe siècle. Elle n'existe plus, du fait des bombardements, mais elle a été photographiée avant la guerre. Et Buxtehude lui dit : « Ne trouvez-vous pas étonnant, mon ami Sebastian, que je vous montre une danse macabre au jour de Noël? » Bien évidemment, si. Mais c'est normal. Mort et résurrection. Il faut comprendre qu'en théologie, Dieu s'incarne dans le Christ pour accomplir la rédemption de l'humanité en faisant don de sa vie sur la croix. Donc les deux, la mort et la vie, sont totalement liées. « Et avez-vous compté le nombre de personnages? Non? Il y en a vingt-quatre. Comme les 24 vieillards de l'Apocalypse, comme la complétude de l'unité du temps. Les douze heures du jour, les douze heures de la nuit. Sans parler des douze tonalités majeures et des douze tonalités mineures ». Etc. Il commence à lui démêler un petit peu de ce que peut être la symbolique de cette danse macabre. C'est-à-dire qu'il ne parle pas de musique. Mais il transmet plus qu'un savoir, une sagesse, une vision du monde, une attitude devant les œuvres, devant la vie.

Alors, pour répondre à la question de sa formation, le jeune Bach s'est formé comme cela, par un travail mental intense et une curiosité, une impatience de tous les instants. Ce qui nous fait revenir à la curiosité, dont je pense que si elle n'est pas malsaine, elle est une vertu et non quelque péché, capital ou non! Cette curiosité insatiable, le petit garçon la manifeste dès son plus jeune âge. À l'âge de dix ans, à la mort de ses parents, Bach est recueilli par un frère aîné qui a une douzaine d'années de plus que lui, Jean-Sébastien étant le petit dernier, dans un patelin minuscule et sans intérêt qui s'appelle Ohrdruf. Le frère aîné a la gentillesse de le recueillir chez lui avec un autre frère un peu plus âgé. Ce frère aîné est jeune marié, peu argenté, il va avoir des enfants, cela va être très lourd. Il sera ensuite obligé de l'envoyer à l'école. Mais Jean-Sébastien va rester quand même cinq ans, chez ce frère qui est organiste et claveciniste. Or, il a aperçu dans une armoire grillagée un cahier de musique qui l'intéresse beaucoup. Il a dû voir son frère le sortir, jouer quelque chose et le ranger. Il demande à son frère de le lui prêter. Et le frère refuse, on ne sait pas pourquoi. Mais le gamin a repéré que sa petite main pouvait se faufiler à travers les mailles du grillage. Il pénètre ainsi dans l'armoire, il prend le cahier et le roule sur lui-même de façon à pouvoir le sortir en douce. Mais il n'a pas de chandelle pour s'éclairer. Il doit donc lire aux rayons de la lune – cela, c'est peut-être un peu forcer la légende – mais en cachette, certainement. Et il copie tout le livre de musique. On ne sait pas ce qu'il contenait, sans doute des œuvres contemporaines, pour apprendre. Quand il a fini sa copie, son frère s'en aperçoit et lui confisque le cahier. Mais en attendant, il a copié et sans doute mémorisé, c'est cela qui est important. Toute sa vie, il a copié, copié, copié. Il s'est même abimé la vue à copier parce qu'il n'y a pas d'électricité, et que hors la lumière du jour, celle, le soir, de la chandelle, était sans doute bien insuffisante.

On a retrouvé en 2007 une copie faite par le jeune Bach de deux pièces d'orgue, dans un petit cahier. Il a quinze ans. Il est sans doute à Lüneburg chez celui qui l'a recueilli, Georg Böhm, qui est un très bon musicien, de Thuringe comme lui, un peu plus âgé, une sorte de grand frère. Et il copie... À la fin de la copie, il écrit : « Fait à Lüneburg » et il donne la date, 1700, – il a quinze ans –, et en latin *domino* Böhm, à Monsieur Böhm. La copie est prise en tablature ancienne, et non en notation moderne, à l'italienne, ce qui nous montre qu'il connaissait déjà tout cela. Or cette copie, c'est précisément celle des deux plus grandes pièces pour orgue de tout le répertoire d'Allemagne du Nord, des variations de Reinken et des variations de Buxtehude. Est-il tombé dessus par hasard, ou bien est-ce Böhm, son tuteur, qui lui a mis la musique entre les mains, ce qui est vraisemblable? Et il a copié, encore et toujours. C'est ainsi que l'on apprend, en copiant intelligemment, pas en copiant comme un robot, bien sûr. Ça, ça a été ses maîtres.

Transcrire, assimiler, s'approprier

Et plus tard, il sera à Weimar avec son cousin Walther, lui-même organiste de la ville alors que lui était organiste de la cour. Ils ont certainement beaucoup échangé. Le cousin Walther s'affirmait aussi comme musicologue, grand collectionneur d'œuvres musicales. C'est lui qui a écrit le premier dictionnaire de musique en allemand, peu après qu'il ait fréquenté

Bach. Et cela se passe au moment où l'on découvre en Europe les concertos italiens de Vivaldi, lesquels sont imprimés, non pas à Venise, qui est pourtant l'une des capitales de l'édition musicale, mais à Amsterdam, donc très loin de Venise. Ce n'est pas au sud, mais au nord de l'Europe! Et de là, les concertos de Vivaldi vont irradier sur tout le continent. C'est un coup de génie! Bach va s'en emparer aussitôt avec fureur. Il trouve cela extraordinaire, je suppose, puisqu'il en choisit vingt-et-un qu'il va transcrire pour le clavier seul, de l'orgue ou du clavecin, afin d'entrer pleinement dans cette musique, la dévorer, l'assimiler de l'intérieur dans l'empan de ses dix doigts, avec éventuellement ses deux pieds, pour en faire son bien. Les différents instruments de l'orchestre, je les rassemble dans ma main. À la fin de sa vie, d'ailleurs, il n'écrira quasiment plus que de la musique pour clavier, il n'a plus besoin des voix, de l'orchestre et de tout ça. C'est tout, sa pensée se concentre dans ses dix doigts, et il transcrit. Mais dans la grande époque des cantates, on voit très bien comment il s'est mis à écrire dans le style italien. Albert Schweitzer, le médecin, philosophe, théologien et organiste, qui a écrit un des livres majeurs sur Bach, dit en 1905 qu'il est vraiment dommage que Bach ait suivi pour une question de mode le modèle italien, parce qu'auparavant, il écrivait comme autrefois, dans la manière de Schütz ou de Buxtehude, dans la grande tradition germanique, et cela, c'était très beau[2]! Il est vrai que quelquefois, cela ronronne un petit peu, c'est un peu mécanique comme composition, un peu, un tout petit peu. C'est donc par un travail ardent qu'il va arriver à se former lui-même. Et c'est exactement ce que ne cesse de répéter Carl Philipp Emanuel : « Outre Froberger, Kerll et Pachelbel, il a aimé et étudié les ouvrages de Frescobaldi, de Fischer, de quelques bons vieux Français, de Buxtehude, Reinken, Bruhns et de Böhm, organiste à Lüneburg [...]. Dans les derniers temps, il appréciait grandement Fux, Caldara, Haendel, Keiser, les deux Graun, Telemann, Zelenka, Benda, et d'une manière générale, tout ce qui était digne d'estime à Berlin et à Dresde. [...] Dans ses jeunes années, il vit souvent Telemann, qui fut mon parrain ».

---

[2] Albert Schweitzer, *J. S. Bach, le Musicien-Poète*, Lausanne, 1905, p. 102.

Et Carl Philipp tient à préciser que « c'est sa seule réflexion personnelle » qui l'a mené où il en est arrivé[3]. Une encyclopédie vivante!

A.-L. S. : Et qu'est-ce qu'on sait de la bibliothèque de Bach? Est-ce qu'au-delà de la discipline de la musique, il a nourri aussi sa vision de grands écrits en physique, en mathématiques, en poésie, en littérature?

G.C. : Excellente question! Parce que c'est un mystère et que l'on aimerait en savoir davantage... Mais il y a quand même des petits bouts de fils que l'on peut tirer. L'inventaire de ses biens, après son décès, a été confié à un priseur expert. Puisqu'il n'y avait pas de testament, il fallait évaluer les biens pour en faire un partage équitable selon les règles du temps, c'est-à-dire un tiers pour la veuve et les deux tiers partagés en parts égales pour les enfants. Ce document est connu. En face de chaque item, figure l'estimation des biens décrits, donc leur valeur marchande. On y trouve les instruments de musique, bien sûr, des boucles de souliers en argent, tout ce qui peut avoir un peu de valeur. Ainsi qu'une action dans une mine, le service de la mine étant extrêmement important chez les Allemands depuis déjà un bon moment. Goethe était inspecteur des mines parce que la mine, c'est le sous-sol, c'est-à-dire la vie intérieure, surtout dans un pays très éloigné des côtes maritimes. Où est ma richesse? Elle est dans mon sous-sol, donc elle est au dedans de moi. Et les grands poètes, Goethe, ce qui n'est pas rien, et Schiller aussi, autrefois le musicien Schütz, aussi, et plus tard l'écrivain Novalis, tous ont eu peu ou prou des actions, voire des fonctions dans une mine. Tout cela, l'inventaire le décrit scrupuleusement. Il y a donc aussi un chapitre consacré à la bibliothèque du musicien. En soi, très intéressant, mais la déception est grande pour les musiciens : ne figurent que les livres religieux, ce qui dit bien l'importance que la vie spirituelle pouvait avoir, mais ni les partitions musicales, ni les livres de culture générale. Or, dans son appétit de culture,

---

[3] Carl Philipp Emanuel Bach, *lettre à Johann Nikolaus Forkel*, à Göttingen. Hambourg, fin 1774.

Bach a très certainement lu bien d'autres ouvrages, qu'il a d'ailleurs pu emprunter s'il n'en était pas propriétaire, si même il ne les a pas achetés… Cela étant, l'inventaire de ses livres de spiritualité est très intéressant, avec notamment tous les écrits de Luther, quelquefois en plusieurs éditions, quatre-vingt-un volumes dont l'estimation par le priseur égale celle de son grand clavecin à deux claviers. C'est considérable! Des théologiens très compétents ont analysé et commenté cet inventaire, pour en savoir plus sur la pensée religieuse du musicien. Mais ce qui est également intéressant, c'est aussi de penser qu'il a lu tout cela. Alors, je peux aller plus loin dans le domaine strictement religieux. On a par exemple conservé un exemplaire de la grande Bible dont j'ai déjà parlé, dans la traduction de Luther et avec les commentaires d'Abraham Calov, au XVIIe siècle. Trois volumes in-folio, aujourd'hui à la Bibliothèque du Séminaire Concordia à St-Louis, aux États-Unis. Bien entendu, les trois volumes ont été examinés de bout en bout, quasiment à la loupe! Et l'on s'est d'abord aperçu qu'il avait tout lu, des premiers mots de la Genèse aux derniers de l'Apocalypse. Or, non seulement il corrige, mais il lui arrive de renchérir sur les gloses de son édition. Par exemple, au deuxième *Livre des Chroniques*, dans la description de la consécration du premier temple de Jérusalem. On entend sonner de la trompette et chanter une voix louant le Seigneur et lui rendant grâce. Bach écrit dans la marge : « Dieu et sa grâce sont toujours présents quand la musique est recueillie »[4]. Voilà pour la culture religieuse. Quant au reste, on ne sait rien. Mais sachant qu'il a fréquenté au moins un salon de beaux esprits à Leipzig, celui de Christiane Mariane von Ziegler, qu'il a eu pour ami l'humaniste Matthias Gesner, qu'il a été proche de la *Deutsche Gesellschaft*, la Société allemande de Leipzig, qu'il a appartenu à une société savante « pour les sciences musicales », qu'avec les écrits de Werckmeister il a abordé les questions d'astronomie et d'harmonie des sphères, on peut supposer que sa culture s'étendait bien au-delà des questions religieuses.

---

[4] *J. S. Bach and Scripture. Glosses from the Calov Bible Commentary.* Introduction Annotations and Editing by Robin A. Leaver. Concordia Publishing House, St-Louis, USA, 1985.

Reste la question de sa bibliothèque musicale. Le catalogue n'en a pas été dressé, tâche considérable que s'est épargné le priseur. Les partitions étaient des outils de travail sans valeur marchande (!), qui n'avaient pas à être expertisés. On n'expertise pas les rabots et les gouges que l'on trouve dans un tiroir chez un menuisier. Sa culture musicale devait être énorme. À voir tout ce qu'il a transcrit, adapté, emprunté, on ne peut en douter. Il a transcrit Couperin, il s'inspire de la table des ornements de d'Anglebert, il a recopié Grigny pour ce qui est des Français. Des *Suites anglaises*, on pense maintenant qu'elles n'ont pas été écrites pour un Anglais, mais pour un musicien français qui a vécu très longtemps à Londres, où il s'était fixé, Charles Dieupart. Il y a un motif directement emprunté à Dieupart dès la première *Suite anglaise*. Il a recopié tout le livre d'orgue de Grigny, il a recopié les *Fiori musicali* de Frescobaldi, sans parler des concertos italiens, de Vivaldi et d'autres, dont il a donné des versions pour clavier seul. Cela fait beaucoup de ce qu'on a encore.

Donc, cela a été sa formation musicale. Carl Philipp Emanuel dit que son père tenait à rencontrer les musiciens eux-mêmes quand il le pouvait. Et il a eu beaucoup d'amis musiciens, ce qui est normal pour un compositeur de cette envergure, reconnu par tous. Il ajoute qu'« un maître en musique ne pouvait que difficilement passer à Leipzig sans faire la connaissance de mon père et se faire entendre de lui. La grandeur inimitable de mon père dans la composition, l'orgue et le jeu du clavier, toutes choses qui lui étaient propres, était trop connue pour qu'un musicien de renom laissât échapper l'occasion de faire la connaissance de ce grand homme, lorsque c'était possible »[5]. On sait que son père allait de temps en temps à Dresde pour écouter des opéras, parce qu'il adorait cela. Il devait y faire bien des rencontres. Il a bien connu Hasse, le successeur de Lotti, directeur de l'opéra de Dresde (sa tombe se trouve dans une petite église de Venise, où il est allé mourir au bord du Grand Canal). Hasse avait une épouse, Faustina Bordoni, qui était une des grandes *prima donna* de l'époque.

---

[5] *Autobiographie*, Berlin, 1773.

Quand Bach fait la connaissance du couple, la Bordoni revient de Londres où elle a chanté avec Haendel. Donc, contact avec Haendel par la Bordoni. Et d'autres. Quand il est allé à Dresde, il y a rencontré Jan Dismas Zelenka, contrebassiste de l'orchestre mais aussi compositeur de grand talent que l'on découvre aujourd'hui. Il s'est donc entretenu avec Zelenka. Il a aussi connu Pisendel, le plus grand violoniste de son temps en Allemagne, ami de Vivaldi avec qui il avait travaillé à Venise. Il a côtoyé Gabriel Buffardin, le meilleur flûtiste de l'époque, qu'il a rencontré à Postdam ou à Berlin, et même plus souvent, à Dresde. Et peut-être aussi le compositeur et théoricien Johann David Heinichen. Cela pour la musique, mais des autres contacts, on ne sait pas grand-chose. À Leipzig, il fréquentait une femme écrivaine, poétesse, Christiane Mariane von Ziegler, qui tenait un salon comme les dames en France. Il a bien dû y aller, puisque cette femme lui a fourni les textes de plusieurs cantates. Je connais bien le chemin pour aller chez elle de là où il habitait. Ce n'était pas loin du tout! Il a donc dû rencontrer des intellectuels, d'autant que Leipzig était alors le foyer d'un renouveau de la langue allemande. Il s'était créé une « société allemande », *Die Deutsche Gesellschaft,* qui était dirigée par un humaniste allemand qu'il connaissait, qui s'appelait Gottsched, lequel avait envoyé à sa fiancée le premier recueil de partitas publié par Bach. Ce n'est donc pas un hasard, tout cela est complètement lié. Et c'était une époque où d'ailleurs, les femmes écrivaient sous des noms d'hommes ou divers pseudonymes pour faire passer des idées, il y avait vraiment une fermentation des idées littéraires, alors même que l'on tentait de reconstituer une langue allemande digne de ce nom, et non phagocytée par de nombreux mots étrangers, français ou italiens – moins d'ailleurs qu'aujourd'hui. Et donc pour essayer de revivifier la langue allemande : cela a donné le courant de l'*Aufklärung*, le siècle des Lumières allemand. Il a connu ces gens-là, forcément.

Sur le plan intellectuel, par Buxtehude, Bach a certainement connu les *Harmonies du monde* de Kepler, *Harmonices mundi*. C'était un sujet favori. Plus jeune encore, il a dû connaître, par les grammaires qu'avait publiées un brillant intellectuel morave, auteur d'ouvrages très répandus dans les petites classes, Jan Amos Komenský. Comme on le faisait très souvent à l'époque, Komenský avait latinisé son nom en Comenius. Il a écrit une sorte de « divine comédie » comme l'avait fait Dante, en morave, mais aussi en allemand, sous un titre dont la traduction dit *Le labyrinthe du monde et le paradis du cœur*. Moi, j'entre en transe quand j'entends cela! Il l'a certainement lue, c'était très connu. Et j'imagine, dans mon petit roman *La Rencontre de Lübeck*, où je mets face à face le jeune Bach et le vieux Buxtehude, que celui-ci lui pose la question : « Avez-vous lu Comenius? » Évidemment! Et puis par Buxtehude, qui en était l'ami – tout cela, ce sont des déductions qu'on a été obligé de faire – il a dû connaître le grand théoricien Andreas Werckmeister, que je viens de citer. Ce Werckmeister était un facteur d'orgues, mathématicien, acousticien avant la lettre. Il a recherché des tempéraments, des systèmes d'accords pour les instruments à sons fixes, comme tout le monde le faisait d'ailleurs, les philosophes Descartes et Leibniz, le physicien Huygens. Il a mis au point une nouvelle échelle, dans laquelle certains intervalles étaient adoucis, agréablement « tempérés ». Ce qu'on a appelé un « bon tempérament », d'où le *Clavier bien tempéré*. Tout porte à croire, d'ailleurs, que Bach avait mis au point son propre tempérament, proche de la troisième échelle de Werckmeister. Andreas Werckmeister était un ami de Buxtehude si j'en crois deux préfaces que Buxtehude a rédigées pour certaines de ses œuvres. Ce sont des petites choses très courtes, des petits poèmes. Werckmeister a écrit une dizaine de petits traités, des opuscules qui font soixante-dix pages, quatre-vingts pages, un illisible charabia, où l'on trouve de l'astrologie, de la religion, de l'arithmétique, de la symbolique, mais caractéristiques de la pensée de l'époque.

Plutôt difficiles à lire! Mais c'était quand même un grand érudit. Il parle de l'harmonie des sphères et du grand Kepler. Nous sommes là au début de ce que j'appelle l'« âge scientifique », qui supplante alors l'« âge de la pensée théologique », au début du XVIIe siècle. Bach a donc eu connaissance de tout ce mouvement du siècle des Lumières. Et j'ai à peine cité le grand philosophe Leibniz, dont je ne peux pas croire que Bach n'ait eu entre les mains certains de ses très nombreux ouvrages. Sa curiosité sans bornes et son impatience devant l'inconnu l'ont taraudé toute sa vie. Il n'est pas impossible même qu'il ait été, comme certains le pensent aujourd'hui, initié à la franc-maçonnerie qui commençait à se répandre tout doucement en Allemagne. Personnellement, je n'en crois rien. Mais ce n'est pas impossible, et l'hypothèse est intéressante.

Frédéric II de Prusse était franc-maçon. Donc, fréquentant des milieux intellectuels. Mais il est vrai que si Frédéric avait été initié à la franc-maçonnerie naissante en Allemagne, deux ans même avant d'accéder au trône, il n'en était pas moins l'ennemi déclaré de la Saxe et que Jean-Sébastien ne le tenait pas en haute estime, c'est bien le moins que l'on puisse dire, ni en tant qu'homme, ni en tant que musicien. On ne le saura jamais, il n'y a pas de preuve tangible puisque la maçonnerie était alors une société secrète. Personnellement, je ne suis pas franc-maçon, mais je me suis un peu intéressé à la chose – c'est de la faute de Mozart, en particulier à cause de *La Flûte enchantée*, qui est un grand rituel maçonnique entre autres choses. La maçonnerie n'était pas incompatible avec la foi chrétienne, d'une part, comme elle l'est devenue actuellement dans la plupart de ses branches, et d'autre part elle était le véhicule des idées nouvelles. Notamment les idées venues d'Écosse et d'Angleterre en matière d'économie ou de société. C'est la maçonnerie qui diffusait en Allemagne, en France, en Autriche, ces idées nouvelles, principalement dans la seconde moitié du XVIIIe siècle. Initié ou non, Bach, on ne le saura jamais, mais sans doute curieux de ces idées. Ce n'est pas impossible. Cela répondrait, là encore, à cette incoercible curiosité mentale qui l'habitait et qui a nourri son œuvre. Parce que quand on dit qu'il a copié, recopié les écrits, les compositions de Frescobaldi, de Grigny, de tant d'autres, de Vivaldi ô combien, c'est parce qu'il en faisait son miel, comme une abeille qui ne cesse de butiner un peu partout les meilleures fleurs. Il en a fait son miel.

Et donc, il se passe cette chose très curieuse sur le plan de la création, peut-être plus que de la créativité, c'est qu'à l'approche de la fin de sa vie, il s'arrête de composer pendant cinq ans. Il traverse un tunnel. Il ne publie pas d'œuvres, il marque un arrêt. L'arrêt public, certainement en tout cas. Pourquoi s'est-il arrêté ? Maladie, lassitude ? Il perd un fils adulte qui lui donnait beaucoup de tracas… Mais les conflits commencent à s'apaiser dans sa vie publique, les choses se stabilisent petit à petit…

Il a obtenu d'être nommé compositeur honoraire de la cour de Saxe. L'électeur de Saxe était aussi roi de Pologne, compositeur, donc, de la cour royale et électorale. Cela va lui permettre d'avoir autorité sur ses détracteurs. « Écoutez, moi, je suis compositeur de la cour, *Hofcompositeur* ». Alors, on se calme, semble-t-il dire et écrire! Mais il a dû continuer à méditer, à ruminer. Bach est un homme qui ressasse. Il ressasse dans sa musique, il ressasse dans sa pensée. Et il va en sortir, pour la dernière dizaine d'années de son existence, ce que j'ai appelé sa « décennie testamentaire ». De 1739 à 1749, donc, il va composer et publier quelques-unes de ses grandes œuvres de maturité, la troisième partie de la *Clavierübung*, c'est-à-dire la messe pour orgue, les *Variations Goldberg*, l'*Offrande musicale*, les *Variations canoniques sur le cantique de Noël* et *L'Art de la fugue*[6].  On a appelé cela des œuvres théoriques – je n'aime pas ce terme *théorique*, qui n'a pas de sens. Ce sont des œuvres à forte portée théorique, certes, mais, enfin, c'est de la musique avant tout, et admirable à écouter. Elles ne sont pas faites pour être de la théorie, mais elles illustrent la théorie qu'elles mettent en œuvre. Ce ne sont pas de la « musique pour les yeux » (*Augenmusik*) comme le disait Thomas Mann à propos de *L'Art de la fugue*[7].

---

[6] Pour illustration sonore : Johann Sebastian Bach,
Clavierübung III : https://youtu.be/YVzGY1HOUjs *(cf. code QR)*
Variations Goldberg : https://youtu.be/iSXj48lkFew *(cf. code QR)*
Offrande musicale : https://youtu.be/crRuvK3jOvs *(cf. code QR)*
Variations canoniques sur Vom Himmel hoch da komm' ich her :
https://youtu.be/wOoVPqHCDzo *(cf. code QR)*
L'Art de la fugue : https://youtu.be/tro_gaczCxw *(cf. code QR)*
[7] Thomas Mann, *Doktor Faustus*, Bermann-Fischer, Stockholm, 1947.

Et c'est pour cela, j'y reviens, que Bach semble nous dire : « Ne cherchez pas, je n'ai pas écrit de traité de composition. Étudiez mes œuvres, et vous apprendrez comment faire ». Les *Variations Goldberg* sont un « art de la variation », comme l'*Offrande musicale* est un « art du canon » et comme il y aura un « art de la fugue ». Chaque fois, un traité sans le dire.

On se rend bien compte qu'il y a là la mise en œuvre d'une énorme culture acquise et dont je disais qu'il a fait son miel. Mais il se passe cette chose curieuse qu'à partir de ce silence de cinq ans, cet arrêt, la musique qu'il écrit dans ses dernières années est telle qu'on ne peut plus dire si elle est ancienne ou moderne, un peu plus italienne, un peu plus allemande, française, puisqu'il connaissait tout et qu'il parvient à une synthèse européenne qui marque la fin de l'époque baroque. Cette musique est, selon un beau terme allemand, *unzeitgemäß* : c'est-à-dire intemporelle, échappant à la mesure du temps. Décidément, c'est une obsession!

A.-L. S. : [...] Alors si on revient au lieu, parce que je suis restée sur ma faim alors que vous évoquiez surtout l'importance du lieu en termes d'acoustique, etc., je voudrais vous entendre plutôt sur toutes ces grandes villes où il a séjourné qui ont été des lieux d'inspiration, de ressourcement...

G.C. : Villes de fonction. L'inspiration proprement dite, je ne vois pas... C'est un terme qui n'existe pas à l'époque. Le terme n'existe pas mais l'inspiration existe!

A.-L. S. : Mais quand vous nous montriez, tout à l'heure, la photo de la ville d'Eisenach (*cf.* photos pages 140-141).

G.C. : Eisenach. Frappante. En un seul coup d'œil, l'église St-Georges où Bach a été baptisé, et où Luther avait un siècle et demi plus tôt prononcé sa première homélie de réformateur, et dominant la ville et l'église, la citadelle de la Wartburg où Luther a traduit le Nouveau Testament.

A.-L. S. : Voilà. Elle doit être inspirante? D'après vous, quelles seraient ces grandes villes?

G.C. : C'est très simple. Bach a occupé des fonctions professionnelles dans cinq villes. Il faut bien se rappeler que l'Allemagne a été ravagée par la guerre de Trente Ans, et qu'elle compte quelque trois cent cinquante unités territoriales – on trouve parfois une principauté de quelque 800 ou 1 000 habitants, pas davantage. Ce sont donc de petites villes, un émiettement de parcelles de petites cités. La ville la plus importante où il ait travaillé est Leipzig, parce que c'est le siège de l'une des plus anciennes universités au monde, que c'est une ville de foire, une ville de commerce et d'édition, et qu'elle est située au carrefour des grandes voies de communication romaines qui traversent l'Europe, du nord au sud et d'est en ouest, respectivement la *Via imperia* et la *Via Regia*. 25 000 habitants dans cette « grande » ville universitaire et marchande lorsque Bach y arrive. Alors attention : on connaissait tout le monde, forcément. Ce qui a dû créer une société un peu particulière. Je dis volontiers que, quand on entre dans l'église à sept heures du matin le dimanche, accueilli par un prélude à l'orgue, les gens qui sont là, on les connaît tous. Et peut-être la dame qui s'est assise là, non loin de moi, a-t-elle eu des mots hier avec ma femme au marché en faisant la queue pour acheter des choux ou des pommes de terre… Et puis, avant toute chose, je chante un choral avec toutes ses strophes. Je me mets ainsi à respirer physiquement régulièrement, en général en octosyllabes. Et je chante les mêmes paroles que toute l'assemblée, sur la même musique, d'une seule voix. Voilà qui est puissamment unificateur. Quant aux mots un peu désagréables qui se sont peut-être échangés entre la dame aux choux et ma femme, je pense qu'ils s'émoussent assez rapidement…

Je disais donc, petites agglomérations urbaines, qu'il s'agisse de cours ou de villes. Bach a occupé des postes successivement dans des cours et dans des villes. Or ce sont deux mondes complètement différents. Arnstadt est une petite cour. Ensuite, Mühlhausen est une ville. Puis Weimar et Köthen sont des cours, alors que Leipzig est une ville, la première ville de la Saxe, dont Dresde est la capitale. On n'y a pas les mêmes fonctions. Les cours sont, tout compte fait, bien modestes. Il n'y avait pas de prince, de petit principicule, qui ne se prenne pour Louis XIV, faisant construire de grands châteaux avec des jardins comme à Versailles, croyaient-ils. L'anecdote est célèbre, d'un diplomate français qui se retrouve dans une petite cour de rien du tout, et qui fait un mot d'esprit, en français, que le prince local n'apprécie pas. Le prince lui dit alors : « Monsieur, je vous donne quarante-huit heures pour quitter mes états ». Le Français réplique alors : « Sire, une demi-heure y suffira ». Cela n'a pas dû arranger sa situation, mais il l'a dit! Selon le lieu où l'on se trouve, on ne fait pas le même travail. À la cour, c'est en général la volonté d'un prince qui veut avoir un (petit) orchestre pour le divertir. Ou bien pour sa chapelle religieuse ou bien pour ses cérémonies ou pour son divertissement, ou tout à la fois.

À Arnstadt, qui est une petite principauté, plutôt sympathique, Bach va occuper des fonctions très précises d'organiste. Il arrive, il a dix-huit ans, il essaye l'orgue nouvellement construit, et tout le monde est ébloui. Le petit orphelin se voit tout d'un coup offrir, sans concours, son premier poste, son premier travail rémunéré. À lui de s'occuper de faire chanter les paroissiens, mais aussi des sauvageons parfois plus âgés que lui. Et même, une fois, il a été obligé de tirer l'épée sur un garnement dont il avait dit que le basson ressemblait à une vieille chèvre. Le gamin l'avait mal pris. Toute une histoire! Mais c'est là la première relation que nous ayons d'une situation conflictuelle comme Bach va en connaître tout au long de sa vie, de façon endémique. Parce que le travail qu'on lui demande ne l'intéresse guère, ou plus précisément parce qu'il en a vite fait le tour. Et surtout parce qu'il se trouve confronté à des supérieurs souvent aussi bornés que tatillons, incapables de partager son idéal en matière de musique. Sauf exception, il sera entouré de médiocres.

On lui propose ensuite un poste à Mühlhausen, dans une ville libre d'empire, dépendant directement de l'empereur par l'intermédiaire d'un conseil municipal. Là, sa tâche est à nouveau d'être organiste. Malheureusement, il n'a pas de chance, parce que dans la grande église où il a été nommé, Saint-Blaise, une ancienne église catholique passée à la Réforme, comme beaucoup d'autres, le pasteur est un luthérien piétiste, c'est-à-dire de cette tendance chez les luthériens à réduire le faste du culte sans se répandre dans les fastes de la musique, pour une méditation plus personnelle, plus proche des textes spirituels. Cela alors que l'autre grande église, Notre-Dame, a pour pasteur un luthérien orthodoxe pur jus, pour qui il n'y a jamais trop de musique. Évidemment, le jeune Bach va se lier d'amitié avec l'autre pasteur, à qui il demandera d'être le parrain de son premier enfant, et qui va lui faire commander ses premières œuvres avec instruments, chœurs et solistes, ce que l'on appelle alors la musique « figurée ». Situation très inconfortable. Et il n'arrivera rien de bien.

Il va bien sûr être tenté de quitter très vite Mühlhausen, d'autant qu'on lui propose une situation plus intéressante. Après quatre ans passés à Arnstadt, il quitte Mühlhausen au bout d'un an pour se rendre à Weimar, une cour d'un certain prestige, quoique la cité soit moins grande que Mühlhausen. C'était déjà la ville où était mort Cranach et où vivait son fils, peintre également, mais elle acquerra un vaste rayonnement à la fin du siècle, après la mort de Bach, puisque c'est là que vont se trouver et se fréquenter assidûment quatre des plus grands poètes de l'Allemagne de la fin du XVIIIe siècle, ceux que l'on a nommés le « Quatuor de Weimar » : Herder, Wieland, Schiller et Goethe, bien sûr. Époque bénie de la « Nouvelle Athènes ». Et plus tard, ce sera Franz Liszt qui dirigera la musique de la cour ducale, devenue un grand foyer de la culture européenne. À Weimar, Bach est d'abord organiste de la chapelle ducale, puis promu *kapellmeister*. À ce titre il doit composer une cantate par mois. Mais, nouveau conflit à la mort du maître de concerts dont il était normal qu'il brigue la succession. Or cette succession se voit dévolue au fils du maître de concerts défunt, un homme sans talent alors qu'à l'évidence ce poste devait revenir à Bach, présent sur place et reconnu. Il manifeste son mécontentement, et accepte une proposition qui lui vient de Köthen. Il accepte, et signe son contrat, un très beau contrat, où il se voit honoré et très bien payé. Il envoie donc Maria Barbara et les enfants s'établir à Köthen, alors qu'il est toujours en fonction à Weimar et déjà payé à Köthen! Nouveau conflit, donc, inévitable. Il s'obstine à présenter sa démission et à demander mettre fin à son contrat, ce qui déplaît au duc qui le fait mettre aux arrêts pour un mois. Aux arrêts : j'ignore si c'était dans un cul-de-basse-fosse, au pain sec et à l'eau, ou si c'était une mise à l'écart, simplement bouclé. On ne dispose d'aucune information, ce qui a permis à de pseudo-biographes fantaisistes de broder sur cet épisode et de raconter n'importe quoi... Le duc finira par le laisser partir, il ne pouvait guère faire autrement, mais en le décrétant *persona non grata*, c'est-à-dire en lui interdisant de remettre jamais les pieds dans la principauté. Pour la petite histoire, les dispositions de ce décret princier ont été levées il y a quelques années seulement, par l'actuel prince héritier! Bach peut donc aujourd'hui retourner à Weimar sans se faire arrêter...

Après dix années passées à Weimar, voici Bach pour cinq ans établi à Köthen, où il envisage de passer le reste de ses jours. Le destin en décidera autrement. En effet, le musicien y jouit d'une excellente situation. Il y est maître de l'orchestre, avec un salaire qui en fait le premier des fonctionnaires de la principauté, et son orchestre se compose de seize instrumentistes parmi les meilleurs de toutes les terres germaniques, bien rémunérés. Dix-sept musiciens de premier plan dans une principauté de moins de cinq mille âmes, cela constitue un effectif considérable pour l'époque. En outre, le jeune prince Léopold est un passionné de musique, et joue lui-même de la viole de gambe, du violoncelle et du clavecin. Et il y a concert tous les soirs. Que demander de plus?

Or Köthen est une cour calviniste. Après la guerre de Trente Ans, les Traités de Westphalie avaient remis en vigueur le principe *Cujus regio, ejus religio* (à chaque gouvernement sa religion), c'est-à-dire qu'il y a une religion officielle dans chaque unité territoriale, quelle qu'elle soit. Et que les citoyens doivent pratiquer la religion du souverain ou du conseil municipal. Or, Köthen est une ville calviniste, je le disais. Donc, pas de musique à l'église. Mais si le prince était lui-même le fils et successeur d'un prince calviniste, son père avait épousé une jeune fille luthérienne. Une union contre raison! Que faire en pareil cas? Demander l'arbitrage de l'empereur… lequel était catholique, je le rappelle! Situation cocasse, mais très heureusement dénouée en ce temps d'après l'atroce guerre où l'on ne rêve que de tolérance. On ne dispose pas du texte de la décision impériale, seule décision intelligente à prendre. Mais dans l'esprit, elle devait dire quelque chose comme « Mariez-vous, soyez heureux, ayez des enfants, vivez en paix. Et que chacun pratique la religion de son choix ». C'est bien ce qui s'était produit. Ils s'étaient donc mariés. Mais la jeune princesse n'avait donc pas manqué de faire bâtir une église luthérienne pour les coreligionnaires qu'elle attirait dans la principauté, avec un cimetière luthérien, une école luthérienne. Sinon jamais Bach n'aurait décidé de se rendre à Köthen, c'eût été inconcevable. Ce type de contingences est essentiel pour comprendre les conditions d'émergence des œuvres.

À la petite cour de Köthen, Bach avait donc des fonctions uniquement profanes, puisqu'il n'y avait pas de musique à écrire pour des cérémonies religieuses. À titre personnel, il allait faire ses dévotions à l'Église luthérienne, peut-être même y tenait-il l'orgue, et faisait-il entendre un peu de sa musique. Mais ses fonctions étaient d'organiser des concerts de deux heures tous les soirs à la cour. Ce n'était pas des concerts comme aujourd'hui, avec un programme d'œuvres s'enchaînant les unes aux autres. On faisait de la musique, on allait boire un chocolat ou un café, puis on faisait à nouveau un peu de musique, on bavardait, on commentait. Or, le prince lui-même, Léopold, qui avait neuf ans de moins que Bach, était musicien dans l'âme. Sa mère l'avait envoyé faire le « grand tour », il était allé en Angleterre, en France, en Italie et jusqu'à Vienne avant de revenir. Un musicien n'était donc pas à ses yeux le saltimbanque du coin. Et c'est à cette époque-là que Bach va avoir à composer et à faire exécuter des concertos, de la musique de chambre, de la musique de clavecin. En quantité énorme. Et bien sûr, il s'en resservira plus tard, à Leipzig, étape suivante et dernière étape de sa carrière, durant vingt-sept ans.

À Leipzig, il est musicien de ville, il a le titre de cantor, c'est-à-dire qu'il est le chantre, le professeur de musique, celui qui, à l'église, entonne le choral. Cela se fait encore quelquefois aujourd'hui : j'ai entendu à Leipzig le cantor entonner le choral depuis la tribune, avant que toute l'assemblée n'enchaîne d'une voix unanime – cela a de l'allure! Et par cœur, bien sûr! Chez nous, en France, on voit souvent un « animateur » (!), qui peut être une animatrice, hurler dans son micro en croyant ainsi entraîner le peuple de Dieu à chanter des cantiques parfois grotesques... Bref! Bach est donc non seulement cantor, ce qui, à l'époque, n'est pas un titre très reluisant, mais il est aussi et surtout directeur de la musique de la ville. En Allemagne aujourd'hui, on l'appellerait le *General Music Director*. En latin *director musices*. Donc, à ce titre, il a notamment à faire exécuter de la musique dans les quatre églises de la ville tous les dimanches. L'une des deux églises principales, Saint-Nicolas ou St-Thomas, en alternance, fait entendre une cantate, et il lui faut régler ce que l'on fera de musique dans les trois autres églises, en fonction des moyens dont il dispose. Mais il a aussi à « musicaliser » toutes les cérémonies profanes aussi bien que religieuses. Un professeur d'université qui part en retraite, on l'honore d'une cantate. De Bach, naturellement. Le roi de Pologne, électeur de Saxe, s'en vient de temps à autre dans la plus grande ville de son électorat, Leipzig. Quand il arrive avec sa famille pour voir ses sujets, aussitôt branle-bas de combat, une cantate d'hommage! Bach a donc une activité importante dans la cité, plus importante même qu'on ne le croit. En effet, après avoir écrit cinq cycles de cantates, soixante cantates par an sur cinq années, trois cents cantates, il peut désormais vivre sur son fonds de répertoire et faire rejouer pour les mêmes circonstances une cantate qu'on a entendue cinq ans avant ou même dix ans avant, si c'est dans l'autre église.

Et il va s'adonner à une autre activité, rémunératrice, celle-ci, la direction d'un orchestre d'étudiants. Faute d'orchestres permanents professionnels, en dehors des orchestres de cour, c'étaient des étudiants de l'université qui se réunissaient pour donner des concerts dans des effectifs parfois enrichis d'autres musiciens. En mettant à contribution ses propres fils, Bach disposait d'une armada de clavecinistes du plus haut niveau, sans compter les amis de passage. Quand le célèbre Buffardin vient de Dresde, voir son ami Bach, on s'en sert, on a sous la main le meilleur flûtiste d'Allemagne, il va servir! Ce type d'orchestre était nommé un « collegium musicum ». Il y en avait deux à Leipzig. Celui-ci avait été naguère fondé par Telemann, grand ami de Bach. Et pas plus que d'orchestre constitué il n'y avait alors de salle de concert. Bref, Bach va ainsi donner dans une salle de café – c'est là qu'on faisait depuis longtemps de la musique, chez monsieur Zimmermann (un nom allemand qui en français signifie « charpentier ») – un concert de deux heures par semaine, et en période de foire, deux concerts de deux heures par semaine. L'hiver dans la salle de café, il devait faire une chaleur à mourir, sans parler de ce que dégageaient les fumeurs de pipe; et l'été, c'était dans un petit jardin que le cafetier avait hors les murs – il y avait encore un mur autour de la ville comme en beaucoup de villes de ce temps –, où l'on faisait aussi de la musique. M. Zimmermann transportait là tables et tonneaux, sous les tilleuls – le nom de Leipzig signifie la ville des tilleuls, d'après l'origine latine de son nom, *Lipsia*. Et à des heures un peu différentes, un peu plus tard pour bénéficier de la douce température du crépuscule. Musique une fois ou même deux fois par semaine, deux heures. Mais ce n'était pas des concerts de deux heures de temps. On n'a aucun témoignage précis, mais il en allait ici comme ce que j'ai dit de la cour à Köthen : on pouvait jouer un concerto, puis ensuite aller se désaltérer, bavarder, et puis, je ne sais pas, vingt minutes, peut-être après, on jouait autre chose. Beau moment de convivialité. Autant d'activités assez différentes et assez variées selon le statut de la ville et le contrat liant les musiciens, évidemment.

A.-L. S. : Et ces villes portent les fantômes de Luther, de tous ceux que vous n'appelez pas des inspirateurs mais qui le sont quand même…

G.C. : Ah mais totalement! Mais cela dépend du sens donné à inspiration. Je sais bien qu'au Québec, on parle d'un homme, ou d'un projet que l'on dit « inspirant ». J'aime beaucoup cette expression. Ce que je veux dire est que la notion moderne d'inspiration a beaucoup évolué. On ne parle plus d'inspiration, aujourd'hui, c'est un gros mot qu'il faut absolument bannir de notre vocabulaire!

A.-L. S. : Ah bon, d'accord?!

G.C. : Un musicien aujourd'hui se doit d'être un intellectuel, en France, du moins. Un « intello ».

A.-L. S. : Cela veut dire quoi, alors, dans votre univers à vous, *inspiration?*

G.C. : Eh bien, l'inspiration en art, c'est je pense ce qui se produit quand tout à coup une idée apparaît à un créateur, une idée ou une suite d'idées, un projet, dont il faudra ensuite faire quelque chose, si c'est possible. Une illumination. Dans ses *Mémoires*, Berlioz parle beaucoup d'inspiration. Christian-Jacque en a tiré un film en 1942. Le film s'appelait *La Symphonie fantastique*, et c'est Jean-Louis Barrault qui incarnait Berlioz – il lui ressemblait, d'ailleurs. À un moment, nuitamment, un orage éclate, la fenêtre s'ouvre violemment, et voici des flots de musique qui le submergent : l'inspiration romantique! Cela relève du conte de fées, évidemment, ou de l'imagerie populaire. Mais chez Mozart, par exemple, ce que l'on peut appeler l'inspiration est évident. Mozart était capable de se mettre à la table et d'écrire une œuvre sans ratures. J'ai observé de près un certain nombre de manuscrits autographes de Mozart, y compris celui de *Don Giovanni*, qui est conservé à la Bibliothèque Nationale de France, à Paris. Pas de ratures, de retouches ni de repentirs, hors de menues corrections passagères. Mozart disait lui-même que tout se passait comme s'il recopiait quelque chose qui s'était formé dans sa tête. Alors si ce n'est pas cela l'inspiration, qu'est-ce donc? Il y a d'un coup l'étincelle originelle, et certainement un énorme travail de réflexion et de maturation après. Valéry dit que le premier vers est donné : « Les dieux, gracieusement, nous donnent pour rien tel premier vers; mais c'est à nous de façonner le second, qui doit consonner avec l'autre, et ne pas être indigne de son aîné »[8]. Voilà. C'est le déclic initial, après quoi tout reste à faire!

A.C. : Mais aujourd'hui, on ne peut plus en parler, c'est ce que vous dites.

G.C. : Ah non! La musique, c'est sérieux, voyons, alors que l'inspiration, c'est de la sensibilité « romantique ». Romantique, ce n'est pas sérieux, comme chacun le sait!

A.-L. S. : C'est intéressant parce que, vous voyez, dans notre univers de gestionnaires, on parle assez peu d'inspiration et on parle de stimulation. Il y a des stimulations qui seraient créatrices.

G.C. : Ah oui, enfin, cela veut dire à peu près la même chose dans un contexte différent peut-être; enfin, non, ce n'est pas tout à fait la même chose. La stimulation peut provenir de quelque chose de tangible, de concret, de matériel. L'inspiration, non. Elle est plutôt immatérielle.

A.-L. S. : Vous nous parliez de ce créateur qui, après ses voyages, revenait avec des objets souvenirs et que ces objets, de petites statues ou autres, lui servaient à se remémorer des ressentis en voyage et il l'incluait dans sa création…

G.C. : C'est Goethe. Goethe a fait un long voyage en Italie, qui a duré environ deux ans, dont un an et demi à Rome – on peut aujourd'hui visiter le petit musée établi dans l'appartement qu'il habitait, près de la Piazza del popolo. Il achetait des répliques d'antiques, il faisait faire des reproductions, il achetait des gravures parce qu'il n'y avait pas de photo, il n'y avait rien du tout pour conserver la mémoire de ce que l'on voyait, ni de ce que l'on entendait. Si l'on voulait se souvenir de ce que l'on avait aimé, c'était le seul moyen de faire.

---
[8] Paul Valéry. *Au sujet d'Adonis* (1921), in *Variété I*, Paris, 1924.

A.-L. S. : Et chez Bach, justement, dans l'inventaire de ses biens, est-ce qu'il y avait ces choses-là qui étaient source de réminiscence ?

G.C. : Non. Il a une grosse famille, une maison assez lourde, tous ses enfants et on ne connaît pas son mobilier. Ou si peu… Il a un service à café, quand même, de la vaisselle. Alors, chapitre premier de l'évaluation de ses biens après son décès : « une part dans une mine ». En tête.

A.-L. S. : La fameuse symbolique de la mine en Allemagne…

G.C. : Mais oui, c'est ce que je dis d'ailleurs à mes pèlerins dans mes voyages sur les traces de Bach, je commence par leur dire ça. On va arriver en Thuringe. Sachez que nous sommes au cœur de l'Allemagne profonde, il n'y a pas d'évasion maritime possible. C'est un pays de mines, où les véritables richesses se trouvent sous terre, c'est-à-dire à l'intérieur de chacun de nous.

Chapitre deux de l'inventaire : les espèces. Il y a bien quelques ducats en or, un peu d'argent, des médailles. Les créances, c'est autre chose… Et puis de l'argenterie et autres objets de valeur. Une paire de chandeliers, une deuxième paire de chandeliers, des coupes, des gobelets, une coupe ciselée, un sucrier et sa cuillère, une tabatière, plusieurs tabatières, même, des salières, un plateau à café, une demi-douzaine de couteaux, fourchettes et cuillères dans une boîte, l'argenterie de famille.

A.-L. S. : Et on ne sait pas qui les a fabriqués ? On ne sait pas qui sont les artisans ?

G.C. : Non. Un anneau d'or, voilà. Chapitre six : instruments. Cela, on en a parlé et c'est très important, bien sûr. Chapitre sept : des étains. Un grand bol, un bol plus petit, un autre plus petit, un autre encore… Des pièces sur lesquelles on mettait un prix, des cuivres, deux planches avec leurs fers à repasser. Un pot à café en cuivre. Un peu de vêtements, une dague en argent, une canne à pommeau d'argent, une paire de boucles de chaussures en argent, quand même! Un habit et un habit de deuil en drap noir. Il y a trois habits au total. Du linge, onze chemises. Quant au mobilier, une armoire de toilette, un coffre à linge, une armoire à vêtements, une douzaine de chaises de cuir noir, une demi-douzaine de chaises de cuir, un bureau à tiroirs, six tables, sept bois de lit. Livres religieux, là c'est très long. Vient ensuite la répartition.

A.-L. S. : Il lisait en plusieurs langues? Les livres sont tous en allemand ou bien lisait-il dans plusieurs langues?

G.C. : Ils sont tous en allemand. Il lisait le latin couramment, mais c'est tout. Il a sans doute lu Kepler ou Comenius en latin. Il avait de vagues notions d'italien et de français qu'il pratiquait très mal, ce qui pose parfois des questions troublantes. Par exemple, le recueil qu'il a recopié, calligraphié, des trois sonates et trois partitas pour violon seul, il en appelait les six pièces solistes : *Sei solo a violino senza basso accompagnato*, six solos pour le violon sans accompagnement de basse. C'est-à-dire pour violon seul. Y a-t-il là une faute de graphie? Il aurait pu écrire avec un pluriel à la française *Sei solos*, ou à l'italienne, *Sei soli*. Or s'il n'a pas commis d'erreur involontaire, cela ne peut vouloir dire en italien que « *Tu es seul* », un superbe jeu de mots au moment où il vient de perdre sa première épouse, Maria Barbara. Alors, que comprendre? Qu'est-ce que cela veut dire? Est-ce volontaire ou non? On ne le saura jamais. Dans mon dernier livre, sur la musique instrumentale de Bach, j'ai épilogué là-dessus. Est-ce que cela veut dire quelque chose? Je pose la question. On ne peut pas y répondre. On ne saura jamais. Et peut-être est-ce mieux ainsi…

Pour la suite

Anne-Laure Saives : Gilles, pour conclure, quels mots manquaient à notre jeu de cartes pour décrire la créativité à l'œuvre selon vous?

Gilles Cantagrel : si je reprends le fil de nos conversations, je dirais : la *perfection*, à la place de *beauté*. Le *génie*, au-delà du talent et non réductible au *talent*. Le *repentir* au sens du peintre (retoucher) et non au sens moral. Retoucher encore et encore jusqu'à tendre vers une inaccessible *perfection*.

L'*inquiétude*, au-delà de l'*impatience*. La *dissonance* comme *spiritualité*, au-delà de l'*intériorité*. L'*épreuve* au sens de la difficulté existentielle et spirituelle.

J'ajouterai aussi la *simplicité* : au sens d'épure car elle contient énormément de travail et de complexité. Elle contient la synthèse, la densification en très peu de notes. Elle contient l'essentiel.

A.-L.S. : il y a aussi sous cette idée d'*essentiel*...

A.C : ... l'idée d'une sorte de *devoir*, non?

G.C. : Peut-être. Bach considérait la musique comme essentielle à la société, comme le boulanger faisait du pain et le cordonnier des chaussures. Parce que c'étaient des besoins vitaux. La musique appartenait aux métiers du quotidien, métier vital à l'existence de la communauté. Bach ne travaillait pas à sa « gloire » personnelle ni à celle de sa musique, mais à la seule gloire de Dieu, et sa musique était célébration du monde.

Bibliographie

Cantagrel, G., *Bach en son temps*, Hachette, Pluriel, 1982. Réédition Paris, Fayard, 1998.

Cantagrel, G., *Le Moulin et la Rivière, Air et variations sur Bach*, Fayard, Paris, 1998.

Pirro, A., *L'Esthétique de Jean-Sébastien Bach*, Fischbacher, Paris, 1907.

Schweitzer, A., *J.-S. Bach, Le Musicien-Poète*, Foetisch, Lausanne, 1905. Édition augmentée, en allemand, Leipzig, Breitkopf & Härtel, 1905.

Spitta, Ph., *Johann Sebastian Bach*, 2 volumes, Breitkopf & Härtel, Leipzig, 1873 et 1880. Édition en anglais, *Johann Sebastian Bach : His Work and Influence on the Music of Germany, 1685–1750,* 3 volumes, Novello & Co, Londres, 1899.

Wolff, Ch., *Johann Sebastian Bach, The Learned Musician*, W.W.Norton & Company, New York, London, 2000.

Principales publications de Gilles Cantagrel

Articles et conférences musicologiques

« Bach pédagogue », Paris, Marsyas, 1996.
« Unter dem Zeichen des Wassers », Leipzig, Triangel, 2000.
« Bach, Ars oratoria », *Bach Pilgrimage*, Londres, 2000.
« Tempérament, Tonalités, Affects. Un exemple : si mineur », Paris, Ostinato Rigore, 2001.
« Musica e gola », *Enciclopedia della Musica*, Turin, 2002.
« Le Baroque et le Signe », *Littérature et Musique*, Université Jean Moulin Lyon 3, 2005.
« Johann Sebastian Bach, une vision du monde par la musique ». *Comment devient-on universel?*, Paris, L'Harmattan, 2005.
« Un portrait inconnu de J.-S. Bach », *Catalogue de l'exposition Bach et la France*, Bibliothèque municipale de Versailles, 2005.
« L'Europe du Baroque, ou le Concert des Nations ». *L'Europe des musiciens*, Fondation Singer-Polignac, Paris, 2005.
« Tel père, tels fils? Quelques notes historiques sur les relations de J. S. Bach avec ses fils », Paris, Ostinato Rigore, 2005.
« Imitation et réactivité dans le processus de composition de Bach », Cité de la musique, Paris, 2005.
« Organistes et clavecinistes au cœur de la vie musicale », Fondation Singer-Polignac, Paris, 2005.
« Mozart », *Académie des Beaux-Arts*, Paris, 2007.
« J. S. Bach, de l'angoisse à la création », *Académie de Médecine*, Paris, 2009.
« Symbolique et rhétorique dans l'œuvre de J.-S. Bach », *Académie des Beaux-Arts*, Paris, 2009
« Haendel, Le Messie », *Figures du Messie*, Le Pommier, Paris, 2011.
« L'émotion musicale à l'âge baroque, 1600-1750 », Histoire des émotions, vol. 1, Le Seuil, Paris, 2016.

Ouvrages

Le Livre d'or de l'orgue français, avec H. Halbreich, Paris, Calliope/Marval, 1976.

Guide pratique du discophile, Paris, Diapason, 1978.

Dictionnaire des disques, Paris, éditions Robert Laffont, 1981.

Bach en son temps, Paris, Hachette, Livre de poche, 1982. Nouvelle édition, Paris, Fayard, 1997.

Guide de la musique d'orgue, Paris, Fayard, 1991. Nouvelle édition, 2012.

L'Orchestre national de France, avec C. Douay, Tours, Éd. Van de Velde, 1994.

Guide de la mélodie et du lied, dir. avec B. François-Sappey, Paris, Fayard, 1994.

Le Moulin et la Rivière. Air et variations sur J. S. Bach, Paris, Fayard, 1998.

Passion Bach. L'album d'une vie, Paris, Textuel, 2000.

Georg Philipp Telemann ou le Célèbre Inconnu, Genève, Papillon, 2003.

Les plus beaux manuscrits de la musique classique, Paris, La Martinière, 2003.

Les plus beaux manuscrits de Mozart, Paris, La Martinière, 2005.

Mozart, Don Giovanni, le manuscrit, Paris, Textuel, 2005.

Dieterich Buxtehude et la musique en Allemagne du Nord dans la seconde moitié du XVIIe siècle, Paris, Fayard, 2006.

De Schütz à Bach. La musique du baroque en Allemagne, Paris, Fayard, 2008.

Les Cantates de Jean-Sébastien Bach, Paris, Fayard, 2010.

Bach, la Chair et l'Esprit, livre-disque avec 6 CD, Paris, Alpha, 2011.

J. S. Bach, Passions, Messes et Motets, Paris, Fayard, 2011.

Carl Philipp Emanuel Bach et l'âge de la sensibilité, Genève, Papillon, 2013.

Mozart. Le Quintette à cordes en ré majeur, Paris, PUF, 2013.

Passion Baroque, Paris, Fayard, 2015.

La Rencontre de Lübeck, Bach et Buxtehude, Paris, Desclée De Brouwer, 2003, 2015.

J.S.Bach, l'œuvre instrumentale, Paris, Buchet-Chastel, 2018.

www.ingramcontent.com/pod-product-compliance
Lightning Source LLC
Chambersburg PA
CBHW070538090426
42735CB00013B/3015